Ich Idiot!
Tagebuch einer Weltreise.
von
Harald Maack

BoD™
BOOKS on DEMAND

Harald Maack

Ich Idiot!

Tagebuch einer Weltreise.

Bibliografische Information der Deutschen Nationalbibliothek:
Die Deutsche Nationalbibliothek verzeichnet diese Publikation in der Deutschen Nationalbibliografie; detaillierte bibliografische Daten sind im Internet über http://dnb.dnb.de abrufbar.

Umschlaggestaltung und Foto: Tom Wald

Herstellung und Verlag: BoD – Books on Demand, Norderstedt

ISBN: 978-3-8423-6242-0

Vorwort

Es gibt Dinge, die macht man wahrscheinlich nur einmal im Leben! Sich seinen Jugendtraum erfüllen! Und wenn man sich dann dazu entschlossen hat das zu tun, löst das so unendlich viele Emotionen und Eindrücke aus, dass es ungeheuer schwer fällt diese in Worte zu fassen und vor allem sie zu teilen, weil sie in höchstem Masse persönlich und subjektiv sind. Nun, Worte habe ich zu Papier gebracht, damals, in Form eines fast täglich geschriebenen Tagebuches, aber jetzt erst bin ich reif das alles öffentlich kund zu tun. Die Reise von der ich gleich berichten werde, hat so viel in mir ausgelöst, mich so tief in mich selbst hineingeworfen, das ich mich heute frage: warum meinte ich mir diesen Jugendtraum eigentlich erfüllen zu müssen? Ist es nicht viel bequemer sein Leben lang nur zu träumen? Dann kann man nicht enttäuscht werden, oder muss sich eingestehen, dass nicht alles was man sich erträumt, glänzt. Warum ich, als Bauernjunge aus einem kleinen norddeutschen Dorf stammend, überhaupt auf die Idee kam, eine Weltreise auf einem Containerschiff zu unternehmen, ist mir bis heute nicht wirklich klar. Folgende Gründe könnten eine Erklärung sein, aber sicher bin ich mir da nicht.

Als ich im Erdkundeunterricht zum ersten Mal den Namen der chilenischen Hafenstadt Valparaiso hörte, glaubte ich zu wissen wo mein Paradies ist, so exotisch klang dieses Wort in meinen Ohren.

Als ich ein junger Mann war, lebte in unserem Dorf
ein Schiffskoch, der alle halbe Jahre wie aus dem
Nichts in unserer Stammkneipe auftauchte und mir
und meinen Freunden unglaubliche Geschichten
aus fernen Ländern und Häfen auftischte, die uns
und besonders mich, mit offenen Mündern schlaf-
los und bierselig ins Bett träumen ließ. Als ich in
den 70er Jahren Speditionskaufmann lernte, tat ich
dies in einer Firma in Hamburg, die dafür zuständig
war auf Frachtschiffen die Filme für die Mannschaft zu tauschen. Das waren damals noch richtige
Filmrollen. Die waren in Holzkisten verpackt und
verdammt schwer. Und ich, als männlicher Lehr-
ling, der es von Zuhause aus gewohnt war Kartof-
felsäcke zu schleppen, durfte die an Bord von
Frachtschiffen aus aller Herren Länder wuchten.
Woher die Schiffe kamen und wohin sie fuhren
stand in den Frachtpapieren, aber was für Menschen mich an Bord in Empfang nahmen, wusste
ich nie. Deutsche, Russen, Griechen, Inder, Filipinos, Brasilianer, Chinesen, Perser, alles war möglich. Jedes Schiff hatte einen anderen, eigenen Geruch, entweder von der Ladung oder dem was der
Koch gerade zubereitet hatte. Und immer, wirklich
immer, hatte das Betreten eines fremden Schiffes,
etwas Geheimnisvolles und Faszinierendes.
Als ich dann, 1997, in einem der ersten Hefte der
Zeitschrift "Mare" einen Reisebericht über eine
dreiwöchige Frachtschiffreise zu den Inseln der
Marquesas las, die gehören zu Tahiti und liegen
Mitten im Pazifik, wusste ich, es ist an der Zeit so
eine Reise anzutreten. Zeit und Geld war genügend

da. Familiäre und berufliche Verpflichtungen gab es keine, also begab ich mich auf die Suche nach einem Anbieter für solche Reisen. Im Vorinternetzeitalter dauerte das etwas länger, doch dann fand ich das Reisebüro der Reederei "Hamburg Süd". Dem sehr freundlichen Mitarbeiter, Herrn Tubenthal, erzählte ich von meinen Intentionen so eine Reise machen zu wollen. Er hörte mir lange zu, wies mich auf dies und das hin und schickte mich dann mit einem Katalog und großer nervöser Vorfreude auf die Erfüllung meines Jugendtraumes wieder nach Hause. Ich entschied mich dann, ohne bis dahin irgendjemandem aus der Familie oder Freunden davon erzählt zu haben, für eine zweiwöchige Reise, so zum Ausprobieren, ob das denn auch wirklich was für mich ist. Als ich wieder vor Herrn Tubenthal saß und ihm meine Entscheidung mitteilte, sagte er: "Hmm, Herr Maack, Sie haben neulich so begeistert von Ihren Träumen und Sehnsüchten geschwärmt, von den Marquesas, von der Lust die ganze Welt zu sehen. Nun, wir haben gerade eine Tour reinbekommen, die genau das Richtige für Sie wäre. Start am 10. Januar in Antwerpen. Ein deutsches Schiff fährt für eine französische Reederei im Liniendienst einmal um die Welt. Dauer drei Monate."

Tja, und wie ich Idiot nun mal so bin, spontan und neugierig, fing ich natürlich nicht mit dem kurzen Trip an, sondern buchte auf der Stelle diese dreimonatige Weltreise!

Start

9.01.1998

Am Mittag Abfahrt aus Hamburg. Mit dem Zug nach Köln. Bei einer Freundin und ihrem Mann übernachtet, damit die Fahrt am nächsten Tag nicht so lange dauert. Nach einem feuchtfröhlichen Abendessen in einem guten italienischen Restaurant wurde es eine kurze, auch durch die Zufuhr von einigen Gläsern Wein nicht zu betäubende, aufregend, vorfreudige Nacht.

10.01.1998

9:14 Uhr Abfahrt in Köln
12:46 Ankunft Antwerpen Hbf.

Bin aufgeregt, freudig erregt und doch ganz ruhig, weil ich weiß, dass ich diese Reise machen will. Die Zugfahrt ist angenehm, alle Züge pünktlich, der Koffer doch verdammt schwer. Da kein ebenerdiger Stauraum vorhanden, muss er nach oben gewuppt werden. Internationales Publikum im Zug. Wetter? Vorzüglich. Sonne, frühlingshaft. Brüssel-Nord umsteigen. Der Zug Brüssel – Midi - Amsterdam kommt. Doch einfach nach Amsterdam fahren? Ein älterer Herr steigt auch zu, will ihn schon fragen, ob er der andere Passagier ist, doch da kommt seine Frau hinterher, freundliches Grinsen. Vororte sehen irgendwie alle gleich aus. An-

kunft Antwerpen. Nun ist es soweit. Der Ort der
Abfahrt. Erst einmal tief durchatmen. Ein wunder-
schöner alter Bahnhof, Jugendstileinschlag. Prunk.
Reiche Stadt. Trotzdem müssen die Koffer runter
getragen werden, kein Fahrstuhl, keine Rolltreppe.
Zum ersten Mal die Videokamera rausgeholt. Ein
Plakat: Junge mit Helm auf dem Kopf. Darunter
steht: Kinderspeel. Genau. Kaffee im Bahnhofsres-
taurant. Ich filme, der Kellner ruft: Schnitt! Auf
dem Weg zum Taxi versucht, Geld zu wechseln.
Großes belgisches in kleineres belgisches, doch
leider war der Tausender nicht mehr gültig. In Köln
am Bahnhof gewechselt, wertloses Geld erhalten.
So kann´s kommen, ca. 50,-- Mark weg, naja, Taxifahrer sehr freundlich. Eigentlich schon Rentner,
doch zur Aufbesserung der Rente fährt er noch
zweimal die Woche. Spricht auch deutsch. Hatte
das gleiche Problem mit dem Geld mal in Deutschland, wollte vor einem halben Jahr mit einem alten
Zwanziger bezahlen, den hatte er noch vom letzten
Besuch vor ein paar Jahren. Auch Pech gehabt.
Naja. Bald kommt ja der Euro. Das Hafengelände
von Antwerpen ist lang, sehr lang!
Die FRESENA liegt ganz weit draußen. Die Ant-
werpener Taxizentrale hat –Gott sei Dank – eine
Liste der Schiffsliegeplätze. Wir finden sie.
Und da liegt sie. In der Sonne. Von Deck schauen
dunkelhäutige Menschen in orangenen und weißen
Overalls herab. Einer in Weiß kommt die Gangway
herunter. "Passenger?" "Yes." Er nimmt den
schweren Koffer, so wie ich einst die Filmrollen
und auf geht´s. Freundliches Hallo! Das Schiff ist

knallblau gestrichen. Container werden verladen. Ein Auto mit SE- Kennzeichen steht auch da. Hätte mich ja von Hamburg aus mitnehmen können. Der "weiße" Mann vorne weg. Ich rolle hinterher. Erste Treppe hoch, Tür auf. Der Kapitän begrüßt mich. Ein langer Lulatsch im grünen Overall stellt ihn mir als Herbergsvater vor. Der Kapitän heißt Kossak. Er ist nur ein paar Stunden mehr an Bord als ich. Das erfahre ich aber erst später. Er ist Mitte 50, etwas größer als ich, stämmig, wirkt wie ein Leistungsschwimmer, breite Schultern, wache Augen. Er vorneweg, fünf Stockwerke hoch, von Deck aus gesehen, beige gestrichene Stahlwände, jeweils auf halber Treppe ein gerahmtes Foto, Obstbäume blühend, z. B. Der "weiße" Mann ächzend hinterher. Die Eignerkabine. Geräumig. Dunkelgrüner Teppichboden. Schreibtisch. Sitzgruppe. Viele Schränke. Kaffeemaschine. Kleine Garderobe. Schlafzimmer mit zwei Einzelbetten. Nasszelle. Dusche, Waschbecken, Klo, Spiegelschrank. Gepäck abgestellt. Der "Herbergsvater" sagt mir, dass wir früher ablegen, nicht um 18:00 Uhr wie geplant, sondern ca. 14:30 Uhr. Erste Lektion an Bord: annehmen wie es ist, ich bin rechtzeitig da, fertig. Ob ich eventuell das Schiff verpasst hätte oder nicht, egal, höre auf die innere Stimme und die hat mir berichtet, früh da zu sein. Also. Tout est bien. Das Gepäck bleibt, wo es ist. Wir legen ja bald ab, also erstmal rumlaufen, kennenlernen des Schiffes, noch mal kurz runter an Land, von außen drauf schauen, abschreiten, 168m lang, den Blick dran gewöhnen, dass das mein Zuhause sein wird für längere Zeit.

Mindestens bis Singapur. Wieder an Bord. Treppauf, treppab. So ein Schiff hat viele Treppen. Back- und Steuerbord, Außen, Innen.

Der Schlepper kommt. Es geht bald los. Gewusel an Bord. Drei Männer am Heck, wohl ebenso viele am Bug. Die Leinen los. Zunächst die Weißen, ca. 4. Zuletzt die Schwarzen, jeweils eine. Wir bewegen uns. Wohin zuerst gucken? Ist das alles spannend! Am Heck stehend. Herumlaufend. Da steht ein anderer Mann. Kariertes Sakko. Brille. Ist das der andere Passagier? Hingehen, mich vorstellen. Freudig. Muffelkopp, gibt mir zwar die Hand, doch das war´s. Naja, vielleicht auch nervös. Ein anderer Mann. Mich vorstellen. Der spricht nur englisch. Er ist der Lotse für Thamesport, unseren nächsten Hafen, jetzt schon an Bord, bequemer für ihn und die Firma. Aha. Wir werden rückwärts geschleppt, der Sonne entgegen. An Steuerbord Container. Ohne Ende. An Backbord Erz. Ohne Ende. Vom sechsten Stock, ca. 30 m über der Erde hat man einen wunderbaren Rundumblick. Sechster Stock. Die Brücke. Der Kapitän und der Hafenlotse. Konzentriert bei der Arbeit. Knappe Anweisungen. Werden wiederholt und ausgeführt. Eine Stunde später in einer Schleuse. Boot wird wieder festgemacht. Nach vorne zum Bug. Alle tragen da vorne Helm, nur ich nicht. Die Sonne geht langsam unter. Traumhaft. Ein Geschenk. Die Schleuse öffnet sich. Ruhiges Wasser. Die Schelde. Der Flusslotse ist an Bord. Ein dynamischer Holländer. Industrieanlagen leuchten in ihren gelblich, orangenen Lichtern. Drei Mann auf der Brücke. Lotse, Kapitän,

Rudergänger. Kursbefehle, Wiederholung der Kursbefehle, Bestätigung des Kurses. Erste vorsichtige Fragen an den Kapitän. Werden alle beantwortet. "Herr Maack, Sie können hier an Bord tun und lassen, was Sie wollen, Sie dürfen nur niemanden in seiner Arbeit behindern." So ist das. Ich werde das nutzen. Erstes Essen an Bord. Weiß nicht mehr was es gab, ist auch egal. Es ist nicht besonders toll. Auspacken des Gepäcks. Wieder auf die Brücke. "Sagen Sie, Herr Kossak, wieviel Wasser haben wir an Bord?" Ich hatte durch die Piraten – und Entdeckerromane die Vorstellung, dass man damit haushalten muss. "Wir machen unser Wasser selbst." "Wie?!" "Wir können ca. 20 Tonnen Wasser am Tag selber machen. Aufbereitungsanlage." "Aha!" Der Lotse erzählt noch ein bisschen was über die Belgier und die Holländer. Ich erfahre, die Kaffeemaschine auf der Brücke ist eines der wichtigsten Geräte an Bord. Die Brücke ist abends dunkel. Nur die Radarschirme leuchten. Das Echolot. Die Windmessanzeige. Die GPS-Positionsanzeige. Dank des neuen James Bond weiß ich schon, dass das Global Positioning System heißt. Per Satelliten wird ständig eine Ortsbestimmung vorgenommen, millimetergenau. Und wir gleiten, in dreißig Meter Höhe sitzend, durch die flache Landschaft. Ein erhebendes Gefühl. Ruhe. Bettruhe. Ja. Die erste Nacht in meinem fahrenden Hotelzimmer. Und ich werde gut schlafen. Fest, kurz und traumlos. Angekommen. Zunächst.

11.1.1998

Schnapszahldatum. In England erwacht. Thamesport. Nichts davon mitbekommen. Blick aus dem Fenster, sieht aus wie in jedem anderen Containerhafen. Containerbrücke, Container. Das ist es. Mit dem Wissen, schon nach wenigen Stunden wieder auszulaufen und der Gewissheit, dass meilenweit keine Stadt ist, gleich an Bord geblieben. Nur kurz den Fuß auf englischen Boden gesetzt. Einmal die Kaianlage rauf und runter spaziert. Wieder in der Kabine. Es klopft energisch. Ein Mann in Uniform steht in der Tür. Zoll. Wie ich später erfahre, ein Mitglied der schwarzen oder grünen Gang. Gibt es in jedem Land. Die dürfen alles. Alles untersuchen. Alles fragen. Auch ich werde zunächst gefragt. Was ich an Bord mache. Ob ich Zigaretten dabei habe. Das scheint das Schmuggelgut Nr. 1 zu sein. "Drogen?" "Nein!" Wo ich auf das Schiff gekommen bin. Rückschlüsse ziehen, was man wohl dabei haben könnte. "Pornographie?" "Nein!" Scheint auch in England verboten zu sein. "Clipknife?" ich zeige mein Taschenmesser. "No, Clipknife." Er macht die Bewegung nach. Schmetterlingsmesser oder wie immer diese Dinger heißen. Ich habe alle Fragen beantwortet und denke er wird nun gehen, doch er fängt an alle Schubladen aufzuziehen, er durchsucht die Klamotten, der Badezimmerschrank interessiert ihn, der Schreibtisch. Er lässt sich Zeit, arbeitet ruhig und zum Schluss wird mit Kreide über der Eingangstür vermerkt, dass diese Kabine untersucht wurde. Wie in Bayern über allen Türen am Dreikönigstag. Wir legen ab. Die Themsemündung reicht weit in die Nordsee hinein, müssen wegen zahlreicher Sandbänke und Niedrigwasser einen Umweg von zwei bis drei Stunden fahren. Der Lotse wird abgeholt, per Schnellboot, nachts, klettert an der Seite herab. Ab geht's.

12.01.1998

In Dünkirchen. Wieder nichts vom Anlegen mitbekommen. Ruhige See gehabt. Im Hafenbecken grünes Wasser. Nach dem Frühstück frage ich, wie lange wir bleiben. 14.00 Uhr legen wir ab. Gut. Ziehe mich um, gehe an Land. Ziehe los, um in die Stadt zu kommen. Nach 200 m treffe ich einen Franzosen. "Wie weit ist die Stadt entfernt?" "10 Kilometer!" "Gibt es einen Bus oder Taxistand oder ähnliches?" "Nein." "Danke schön." Ich verzichte auf einen zweistündigen Fußmarsch und fotografiere das Schiff. Esse zu Mittag. Das Wasser und das Essen an Bord bekommt mir nicht besonders. Leichte Übelkeit, leichtes Unwohlsein. Wetterbericht ist noch gut für uns. Der letzte Container ist auf dem Schiff. Gleiche Prozedur. Lotse an Bord, Schlepper hinten dran. Ich frage den Kapitän, ob er immer selber in und aus dem Hafen fährt. Antwort: "Klar, meine Beulen fahre ich schon lieber selber ins Schiff!" Eine Stunde hinaus. Der Lotse wird heute auf besondere Art abgeholt. Mit dem Helikopter. Sieht einfach Klasse aus. Der Helikopter steht direkt über uns in der Luft, Schlaufe runter, Lotse klinkt sich ein, winkt noch

mal, klettert rein und weg ist er. Selbst der erste
Offizier hat so etwas noch nicht gesehen und auch
der Kapitän noch nicht oft. Zeuge von etwas Be-
sonderem. Alles ist neu.
Wir laufen in Le Havre ein. Tatsächlich eine Stadt
ganz in der Nähe. Sie zieht in nur 500 m Entfer-
nung an mir vorbei.

13.01.1998

In Le Havre nun aber tatsächlich von Bord.
Freundliche Franzosen im Büro des ersten Offiziers rufen Herrn Roggenbach, meinem Mitpassagier, dem Muffelkopp vom ersten Tag und mir ein
Taxi. Wir warten an der Reling. Nieselregen. Über
uns schweben die Container. Es rumst, knackt,
knirscht. Die durchdringenden Warntöne der Containerbrücken. Herr Roggenbach hält sich die Ohren zu, schimpft: "Ich hasse die Arbeitswelt! Alles
so unästhetisch." Das Taxi bringt uns in die Stadt.
Wir holen uns Touri - Stadtpläne und verabreden
uns für 17.00 Uhr wieder. Erstmal einen französischen Kaffee in einer Tabakbar. Tut wohl.
Das Essen an Bord ist wirklich gewöhnungsbedürf-
tig. Dreimal Fleisch am Tag ist gewöhnlich. Sagt
man, dass man kein Fleisch möchte, ist dreimal
Fisch angesagt. Auch das muss man dann nach und
nach reduzieren. Die Seeleute schaufeln das alles in
sich hinein. Und das Essen ist immer ein Thema an
Bord. Der Koch soll in letzter Zeit ganz schlecht
gewesen sein. War kurz davor verprügelt zu werden. Die alte Dame, Passagierin vor mir, hat zum

Schluss nur noch Cornflakes gegessen. Ich kann es ein wenig nachvollziehen.

Doch nun bin ich ja in Frankreich. In Le Havre. Einer Hafenstadt. Laufe durch die Stadt. Dem Nieselregen folgt Sonnenschein. Aber auch eine steife Brise. Mache ich mir noch keine Gedanken drüber. Le Havre wurde im 2. Weltkrieg total zerstört, dementsprechende Architektur. Hat manchmal was von DDR Plattenbauten, nur mit etwas mehr Charme. Bin, glaube ich, der Jahreszeit entsprechend der einzige Tourist dort. Es geht mir gut. Markthalle, in südlichen Ländern immer ein Ereignis. Kaufe für den ersten Offizier Spiegel, Süddeutsche und Focus, letzte Nachrichten aus Deutschland. Gehe in eine der beeindruckendsten Kirchen, die ich je gesehen habe. Von unten offener Turm, Glasbausteine, dank Sonnenschein ein Farbenmeer. Die Stadt wird ruhig. Kaum noch Autos. Die Geschäfte lassen die Rollläden runter. Mittagszeit. Alle Franzosen streben nach Hause oder ins Restaurant. Baguettes ragen aus den Tüten. Typisch? Klischee? Ja. Wie das so ist mit den Klischees, sie stimmen meistens. Ich finde ein Fischrestaurant. Typisches französisches 3-Gänge –Menu. Sie lassen sich eben Zeit beim Essen. Wie schön. Wieder unterwegs. Meine Füße schmerzen ein bisschen. Bin schon vier Stunden zu Fuß unterwegs. Muss aber noch, meine ich, einen Hügel hoch, wo es einen Panoramablick geben soll. Bergan neben stinkenden, lauten Autos. Bin genervt. Der Panoramablick ist zugewachsen von Büschen und Bäumen. Scheiße! Tief durchatmen. Ruhig bleiben. Tief durchatmen geht auch nicht, stinkende Autos nebenan! Und von wegen frische Luft auf See. So ein Schiff stinkt gewaltig. Die Abgase gehen oben raus. Im Prinzip ok. Doch wenn der Wind falsch steht, oder gar kein Wind da ist, stinkt es wirklich erbärmlich. Man kann dem fast nur entrinnen, wenn man vorne zum Bug läuft. Auf See gut, doch im Hafen bringt das nicht viel wegen der Industrieanlagen. Und neben meiner Kammer sind die Ablüfte der Küche. Die ist zwar im ersten Stock, doch oben im fünften und sechsten Stock geht das alles nach draußen. Also genervt, weil nirgends frische Luft. Nicht einmal in einer Stadt oben auf einem Hügel. Alles laut dort. Die Füße tun weh. Ich wage es trotzdem, atme tief und ruhig und wandere wieder runter in die Stadt. Ein bisschen shoppen. So ein wenig Süßes. Gibt's an Bord gar nicht. Der zweite Offizier hat auch eine kleine Auswahl an Süßem, Schokolade bestellt. Und ein paar Mandarinen. Und Bananen. Und Zigaretten. Ja, ich rauche noch. Wie es manchmal Spaß machen kann, in einen Supermarkt zu gehen. Treffpunkt Café. Herr Roggenbach ist noch nicht da. Warten. Da kommt er. Mürrisch wie immer. Ist besoffen. Ja, er hätte in einer Pinte gesessen und erst einmal ein Bier vom Fass gebraucht, gäbe es ja auf dem Kahn nicht. Naja und da hätte er gleich fünf getrunken. Taxi bestellt. Herr Roggenbach lallt ständig unkend herum, dass der Fahrer uns sicher zum falschen Kai fahren wird. Es gäbe nämlich, hat er festgestellt, nicht nur den Quai d´Europe sondern auch das Bassin d´Europe. Jaja, seien Sie mal ruhig, sage ich. Und denke: Halt's Maul. Natürlich fährt er uns direkt zum Schiff. Der Fahrer. Ohne Umwege. Immer dieses Unken! An Bord nach dem Abendessen zeige ich dem zweiten Offizier, der übrigens die gesamte Schokolade wählt, die Videoaufnahmen von Le Havre. Er sitzt davor und staunt und sagt hinterher mit tonloser Stimme: „Schön, einen Passagier an Bord zu haben, der einem was von der Stadt erzählen und zeigen kann, wo man gerade im Hafen liegt." Die Leute an Bord haben tatsächlich fast keine Chance an Land zu gehen, die Liegezeiten sind zu kurz und sie haben auch im Hafen genug zu tun. Am Abend verabschiede ich mich telefonisch aus Europa von meinen Eltern und meinen besten Freunden. Tut richtig gut. Der Wind pfeift um die Aufbauten des Schiffes und zerrt an allem, was nicht ganz fest ist. Darüber schlafe ich hundemüde ein.

Atlantik

14.01.1998

Früh erwacht. Völlig ungewöhnlich für mich. So gegen 6:00 Uhr. Aus dem Schlafzimmerfenster die letzten Lichter von Le Havre. Das Schiff vibriert anders als sonst. Wieder ins Bett? Nee. Rauf auf die Brücke. Ja der Wind bläst anders als die Tage vorher. Übliche Besetzung auf der Brücke in so einer Situation: Kapitän, Lotse, Rudergänger. Kapitän begrüßt mich freundlich. In der Schleuse sei alles gut gegangen. Ausnahmsweise hätten sie auch vorne einen Schlepper gehabt. Die See wird etwas rauer. "Aber Herr Maack, Sie wissen ja, Sturm ist nur eine Erfindung der Leute an Land." Ich lache mit. Noch. Windstärke 8 bis 9. Der Lotse geht von Bord. An windgeschützter Seite Lotsenleiter runter aufs Speedboot. "Ja, dabei haben schon einige Männer ihr Leben, ihre Beine verloren oder mussten zumindest ein eiskaltes Bad nehmen", erzählt der Kapitän. Berufsrisiko. Aber werden gut bezahlt. Wir machen uns auf den Weg zur viel befahrensten Seestraße der Welt, dem Ärmelkanal. Ist wie eine Autobahn. Das Radar wird genauestens beobachtet. Viele Schiffe unterwegs. Kleinere und größere Punkte auf dem grünlichen Bildschirm. Die Kleinen sind meistens Fischerboote. Wie die Radfahrer für Autos sind die für uns. Man weiß nie, ob die nicht eben die Richtung wechseln, lerne ich. Alle in Betracht kommenden Schiffe werden im Radarschirm angetippt, kurze Zeit später hat der Computer herausgefunden, per Satellitenortung, wohin das Schiff fährt, wie schnell es ist, wie nah es einem kommt und wann das sein wird. Faszinierend. Danach kann man dann bei Bedarf Kurskorrekturen vornehmen. Auch auf See gilt, weltweit, rechts vor links. Also grundsätzlich erstmal. Nach Abschätzung unserer Lage ergibt sich, dass wir zwischen zwei Schiffen, die von rechts kommen, und vor einem von links genau durchpassen. Ja. So ist es dann. Nun sind wir auf der Autobahn Richtung Südwesten. Autopilot eingestellt. Fertig. Vier Tage lang Kurs 240 Grad. Dann kleine Rechtskurve bei den Azoren und fünf Tage lang Kurs 270, dann sehen wir den Lotsen von Philadelphia. Ganz einfach. Nicht nach 4 km rechts, oder 40 km, nach vier Tagen, jedenfalls so ca. Wenn nichts dazwischen kommt.

Aber jetzt erstmal ein kräftiges Frühstück. Bin früh aufgestanden, der Kapitän hat viel erzählt und die Seeluft macht hungrig. Noch. Beim Frühstück vergeht mir schon etwas die Laune. Herr Roggenbach meint, man sollte doch in die Hafenstraßenhäuser mal ein kleines Bömbchen schmeißen. Er hat sicher seit unserer Abfahrt nicht mehr geduscht. Herr Roggenbach ist ein Türkenhasser. Hab ich schon gesagt, er war Staatsanwalt in Duisburg, lebt in Düsseldorf, besitzt keinen Kamm und trägt eine schwarze Adidas Jogginghose, bevorzugt mit verwanztem Wollrollkragenpullover. Er ist Jahrgang 41, könnte aber genauso Jahrgang 1841 sein.

Heute Mittag um 13:00 Uhr haben Herr Roggenbach und ich unsere Einweisung ins Schiff, also die
offizielle, Sicherheitsvorkehrungen, wo ist das Rettungsboot, wo sind die Schwimmwesten, wo trifft
man sich, falls es jemals soweit kommen sollte,
solche allgemeinen und speziellen Anweisungen.
Das wird der dritte Offizier mit uns machen.
Zum Mittag gibt es Calamaris. Auf eine Art, die mir
nicht bekommt. Gummi pur mit Paprika und
Zwiebeln in irgendeiner schlechten orientalischen
Sauce.
13.00 Uhr. Wir treffen uns in der Messe. Windstärke acht bis neun. Jimmy Montero, der dritte Offizier, im blütenweißen Overall, Herr Roggenbach in
besagtem Pullover und Jogginghose. Dazu trägt er
Wollstrümpfe mit dünner Wildledersohle. Diese
Art Hausschuhe sind rot-weiß-grün gepunktet.
Jimmy spricht nur mit mir, er mag Herrn Roggenbach, ab jetzt Horst, denn Jimmy, der Filipino fragt
nach unseren Vornamen, nicht anschauen. Man
weiß auch nicht, wohin man bei ihm schauen soll,
er schielt, gut, dafür kann er tatsächlich nichts, und
er hat ständig, ab der ersten Tasse Kaffee morgens,
einen braunen Rand auf der unrasierten Oberlippe.
Wenn mir nicht sowieso schon von den Calamari
schlecht wäre, würde es mir spätestens jetzt
schlecht werden. Jimmy sagt nix dazu, das verbietet
ihm wohl die Höflichkeit eines Asiaten, aber es ist
deutlich spürbar, wie irritiert er von diesem Mann,
diesem Passagier, ist. Mir als Mitpassagier, Mitdeut-
scher ist es peinlich. Es ist respektlos gewissen Ge-
pflogenheiten an Bord gegenüber. Ich frage ihn, ob

er nicht wisse, dass wir auch nach draußen gehen. Er brummt wieder irgendwas, wahrscheinlich hat er gar nicht kapiert, was ich meine. Also, los geht's. Jimmy vorneweg, wir hinterher. Es muss ein Bild für die Götter gewesen sein. Schade, dass das niemand fotografiert hat, oder gefilmt. 8 bis 9 heißt, Wasser überall auf dem Schiff. Und Horst immer durch. Die Pfützen antrippelnd wie eine kleine Katze. Ich weiß nicht, ob ich Jimmy zuhören, mich um meinen zusehends schlimmeren Magen oder die Peinlichkeit der Situation kümmern soll.

Ich kümmere mich um meinen Magen. Versuche ihn und den Atem ruhig zu halten und nicht zu kotzen. Die homöopathischen Kügelchen, die ich in meiner Reiseapotheke dabei habe, tun möglicherweise ihr Übriges. Jedenfalls schaffe ich es, nicht über der Reling zu hängen. Am Abend nur ein bisschen Knäckebrot und Tee und danach hingelegt. Liegen ist das Beste. Gelesen.

Und die ersten Gedanken ans Aufgeben. Was mache ich hier freiwillig? Lasse mich durchschaukeln und rütteln, dass mir schlecht wird. Einmal Achterbahn fahren ist geil, zweimal macht noch Spaß, aber dann? Und bei der Achterbahn ist voraussehbar, wo sie hinfährt. Das Meer und das Schiff aber veranstalten Bewegungen, die vollkommen überraschend sind. Hat man sich gerade darauf eingestellt, dass es stampft, rollt es oder knallt es in eine Welle, dass man glaubt, das Schiff steht. Aus Tempo 35 auf Schlag stehen. Und das alles in ca. 30 m Höhe. Ein sechsstöckiges Haus schwankt. Beim Zähneputzen gut festhalten, sonst knallt man gegen eine

Wand oder den Spiegel oder aufs Klo. Und es ist nicht vorhersehbar, wohin man knallt. Gut, zwei Beine und Arme zu haben, um sich festzuhalten. Man traut dem eigenen Gleichgewichtssinn nicht mehr. Schubladen rauschen aus den Schränken. Was nicht festgebunden ist oder auf Elefantenhaut steht, fliegt. Gnadenlos. Der Wille, damit klar zu kommen, ist wichtig. Ja. Ich will mich davon nicht fertig machen lassen. Ich will nicht aufgeben. Und ich schaffe es. Selbst unserem Kapitän, der schon dreißig Jahre zur See fährt, kann so etwas noch passieren. Auf einem Segeltörn sei es ihm passiert. Er habe sich gehen lassen. Mir ist schlecht. Ich will raus aus der Achterbahn. Anhalten. Strom abstellen. Aufhören. Einfach geradeaus fahren. Und die Vibrationen abstellen. Alles knirscht, wackelt, poltert. Schlafen? Ja, ein bisschen. Und das alles hier tue ich freiwillig.

15.01.1998

Außer kurzen Besuchen auf der Brücke und ein wenig den Magen mit Knäckebrot und Reis unterhalten, nur gelegen und gelesen. " Mr. Vertigo" von Paul Auster. Hat mir sehr gefallen. Ein Junge lernt das Fliegen. Er bringt seinen Körper dazu abzuheben. Ich bringe meinen dazu, ruhig zu bleiben. Es klappt. Gegen Abend wird die See ruhiger. Auch mein Inneres.

16.01.1998

Es geht mir eindeutig besser. Verbringe viel Zeit
auf der Brücke. Über das Meer schauen. Außer uns
niemand da. Kein Schiff. Kein Flugzeug. Der Radarschirm bleibt leer. Außer gegen 17.00 Uhr. Ein
Schiff nähert sich. Der Computer rechnet aus: CPA
(Closest Point of Approach) 0.0 nm. Unglaublich:
dieser Riesenozean, dieses Meer, diese Weite und
da kommt ein anderes Schiff daher und wir würden
zusammenstoßen. Wir müssen ausweichen, rechts
vor links. Stephan Eisen, der Auszubildende, steht
am Ruder. Herr Linde, der erste Offizier, kann ihm
Anweisungen geben. Stephan freut sich, endlich
mal kleine Kurskorrekturen vornehmen zu dürfen,
nicht immer nur geradeaus zu halten. Aufregend ist
das alles nicht, schließlich fahren wir nur Tempo 35
und sehen das Schiff 12 miles vorher.
Doch da passiert mal was. „Da, ein Tümmler!" ruft
Stephan Eisen. Wir rennen auf die entsprechende
Seite, doch weg ist er. Nicht mehr gesehen. Wir
nähern uns langsam den Azoren und da gibt es
welche. Auch Wale, hab ich mal gehört. Die Chance wird kommen. Am Abend gibt es im Crew Mess
Room "Safety Videos". Das ist Pflichtprogramm
für die Crew und wird in den nächsten Tagen fast
jeden Abend stattfinden.

17.01.1998

Wir sind auf Höhe der Azoren. Es wird wärmer.
Ich bin aufgeregt. Hier könnte es Wale und Delfine
geben. Den Vormittag stehe ich fast nur auf der
Brücke und halte Ausschau. Keine zu sehen, doch
Gespräche mit Jimmy sind auch o.k.
Der dritte Offizier, er ist für die Safety an Bord
zuständig. Der zweite Offizier für die Navigation
und die Apotheke und der erste für die Ladung etc.
Mittagessen. Es schmeckt mir immer noch nicht.
Wieder auf die Brücke. Dann schnappe ich mir die
Kamera und gehe zum Bug. Das Wetter ist schön.
Da vorne gibt es keine Vibrationen, da vorne ist
nur Stahl und das Meer. Mache Bilder vom Bugste-
ven oder der Birne, dem Wulst vorne. Atme tief
durch. Allein auf dem Meer. Da vorne sind auch
keine Abgase. Meditativer Ort. Ich stehe, atme und
schaue. Und da! Ein Delfin springt aus dem Wasser
in Richtung auf das Schiff zu. Noch einer! Laufe an
Backbord. Schaue. Schade, nichts mehr zu sehen.
Sie sollen laut Herrn Linde, oft vorne mit dem
Bugsteven spielen, schwimmen. Auch nichts.
Trotzdem glücklich. Einen Delfin gesehen, oder
zwei. Für den Bruchteil einer Sekunde. Es gibt sie
also wirklich, im Meer, bei den Azoren. Nicht nur
im Fernsehen. Sind noch mehr da? Ich spüre sie.
Stehe da vorne und singe. Versuche sie herbei zu
singen. Da, wieder einer, diesmal von Steuerbord,
genau Richtung Bugsteven, laufe, die Kamera in der
Hand, dorthin. Halte die Kamera blind über die
Reling. Er ist drauf. Was ist Glück? Ein Schauer

durchläuft mich, selbst jetzt noch drei Tage später, da ich das schreibe. Sie sind so schön, so elegant. Die Sonne glitzert auf ihrem Körper. Ich pumpe meinen Körper voll mit frischer Luft. Das Leben ist wundervoll. Deshalb unter anderem wollte ich diese Reise machen. Habe davon geträumt, schon vor Jahren so zu stehen und Delfine zu sehen. Schließe die Augen. Danke für dieses Erlebnis. Öffne die Augen und sehe einen Schwarm von ca. 10 Delfinen auf das Schiff zukommen. Gehe ruhig zur Spitze des Schiffes, beuge mich so weit vor wie ich kann und da sind sie. Alle vor der Birne. Tänzeln, spielen, lassen sich treiben. Die Kamera läuft in meiner rechten Hand wie selbstverständlich. Vergesse alles drum herum, bin nur bei ihnen da unten. Sie sind so schön. Nach und nach dreht einer nach dem anderen ab. Der Letzte verabschiedet sich mit einem Sprung von mir. Nach dem Abendessen zeige ich die Bilder in der Offiziersmesse, selbst der Kapitän und einige andere sind gerührt, begeistert, freuen sich über diese Bilder. Seufz!

18.01.1998

Sonntag. Der Kapitän hat zum Frühschoppen geladen. Er gibt einen aus. Frühschoppen, eine Männerangewohnheit, übernommen selbst auf See, naja, wo sonst sind Männer so unter sich wie hier. Es geht dermaßen diszipliniert zu, ich hätte das so nicht erwartet. Eigentlich alle trinken ein Bier, oder zwei, doch gesoffen wird nicht. Find ich gut. Nur

der 2. und ich trinken keins. Er hat gleich Dienst
und ich mag nicht. Herr Roggenbach hat über die
Jogginghose und die Hausschuhe ein Sakko, weißes
Hemd und rote Krawatte angezogen, zur Feier des
Tages. Und ich habe nicht einmal ein Sakko dabei.
Alle anderen legère wie immer. Keiner trägt Uniform oder so was. Eine Stunde Männergespräche
über die Seefahrt im Allgemeinen und die Firma im
Speziellen. Dass Herr Roggenbach mal Staatsanwalt
war, wundert alle, er wirke nicht so. Ein wenig über
Politik, die Renten, wenig Sport, wenig Frauen, was
man halt so redet. Eine angenehme Geste des Kapitäns, man lernt sich kennen, erfährt auch, wer
außer einem selber neu ist an Bord, wer wie lange
zur See fährt und wie viel sich verändert in den
Jahren, keiner spricht von besser oder schlechter,
nur von Veränderungen. Weniger Menschen an
Bord, mehr Technik, doch dass Gott sei Dank einige Versuche schon gescheitert sind, z.B. den Koch
einzusparen, dafür eine Mikrowelle aufzustellen.
Oder statt drei nur noch zwei Offiziere auf der
Wache. Übrigens hatte der Kapitän am Sonntag
schon die gesamte Crew geladen, offizielle Begrü-
ßung sozusagen, neuen Offizier vorstellen, den
Passagier, mich, und von der Taufpatin ein Weih-
nachtsgeschenk, Stollen.
Dann setzen sich alle zum Mittagessen. Außer dem
zweiten Offizier, der hat Wache. Es gibt, was war
es? Ich kann mich nur noch an das Eis zum Nach-
tisch erinnern. Lecker. Dann schreiben. Andere
verschwinden zum Mittagsschlaf. Der Kapitän versucht, eine angenehme Stimmung an Bord entste-

hen zu lassen und sie ist angenehm, weil er auf
Menschen zugeht, wach ist für das Leben und die
Umgebung.
Am Nachmittag auf die Brücke. Wie so oft, doch
heute das erste Mal meditativ. Auf den Kapitänsstuhl, das Meer, die Gedanken fließen. Die Fresena
pflügt durch den Ozean. Es wird nicht gearbeitet.
Sonntag an Bord. Ruhe. Abschalten. Zum Kaffee
kommt der Kapitän. Kaffee und Stollen. Leider
keine Schwarzwälder Kirschtorte, die gibt es sonst
am Sonntagnachmittag. Rituale. Sie haben was Beruhigendes. Man fühlt sich eingebettet.

19.01.1998

Vier Uhr morgens wach gewesen. Geschrieben.
Wieder ins Bett. Das Schiff stampft relativ stark.
Nach dem Frühstück aufgemacht und gefilmt. Mit
der Plastikhaube über der Kamera. Respektvoller
Abstand zum Wasser. Hohe Wellen, Windstärke 5
bis 6, so glaube ich. Das Wasser spritzt. Die Wellen
brechen sich. Salziger Geschmack auf der Zunge.
An Bord völlig andere Geräusche. In der Kammer
ständig Vibration. Die Schränke, der Inhalt. Die
Maschine ist zwar ganz unten, weit weg, dennoch
sind die Aufbauten ständig in Bewegung. Vorne
neben der Ladung das Knarren der Container. Die
Generatoren der Kühlcontainer. Irgendwo wird
Rost geklopft, woanders singt jemand. Das Schlagen der Wellen, das Rauschen des Wassers. Wind
pfeift. Ganz vorne nur noch das Windrauschen und
das Schlagen. Und nur dort absolut frische Luft.

Abstieg in die Laderäume. Ächzen, Knirschen, Knarren. Türen per Hydraulik zu öffnen. Wenn man da mal drin ist und keiner weiß es, komm ich da wieder raus? Angst vor dem Eingesperrt sein. Darf ich da sein? Was ist in den Containern? Halten die dicht? An manchen Warnhinweise, Corrosive, Flammable, Explosive, Dangerous! Explosive? Ja, wir liefern von Belgien in die USA Dynamit, Granaten, Waffen. Wir werden auch nach Muroroa fahren. Ja, dort wo die Franzosen ihre Atomtests durchgeführt haben. Ist da nicht alles verseucht? Will ich da hin? Ich flüchte wieder aus dem Laderaum, mir ist unheimlich, ich darf zwar überall hin, doch am Liebsten bin ich in Begleitung. Lieber an Deck filmen, gut festhalten, wo immer es geht. Mein Magen hat sich nach der Entleerung des Darmes wohl auf das hier an Bord eingestellt. Es war, als würde ein Pfropfen mit weggespült. Die viele frische Luft hat die Lungen befreit. Es sind erträgliche Temperaturen, so 15-18 Grad. So ein Schiff ist übrigens auch eine Wetterstation. Luft- und Wassertemperatur, Aussehen der Wolken, Windstärke plus Position wird nach Hamburg gefaxt. Jeden Tag. Der Wetterbericht kommt durchs Fax. Wird alle sechs Stunden abgerufen. Sieht gut aus. Sind in einem Hochdruckgebiet. Unten links bei den Bermudas ein kleines Tief. Werden wohl zu früh in Philadelphia sein, dort vor Anker gehen. Die Tuvalus, unsere Matrosen, werden die Angeln auswerfen und es wird frischen Fisch geben. Selber angeln? Noch nie gemacht. Kann man aber doch lernen, oder? Haken ins Wasser halten und warten

bis es zuckt, muss man nicht lernen, oder? Abends
wieder auf der Brücke, neuer Wetterbericht. Das
Tief wird größer und bewegt sich auf uns zu. Müde.
Schlafen.

20.01.1998

Erstaunlich: keine Rückenschmerzen mehr. Weder
oben noch unten. Bin wohl entspannt.
Gute Gespräche mit dem zweiten Offizier. Der
Kapitän kommt dazu. Kaffee trinken, aufs Meer
schauen und philosophieren. Wundervoller Nachmittag.
Beim Abendbrot sagt der Kapitän allen Bescheid,
sie sollen alles festschnallen, was geht und möglichst alles wegpacken. Das Tief hat sich zu einem
Sturm entwickelt. Warnung kam per Telex. Die See
wird unruhiger. Wird schon nicht so schlimm werden. Erste kleine Stöße und Wackler. Wir werden
leider mitten hineinfahren müssen, es gibt keinen
Umweg. Niemand macht Panik. Ruhiges Arbeiten.
Der erste Offizier ruft den Bootsmann an und
fragt, ob wirklich alle Schotten dicht sind. Sie sind
es. Regenschauer setzen ein. Durch ein Entlüf-
tungsrohr regnet es in die Brücke hinein. Der Erste
wird sauer auf Herrn Tulemanu, weil der nichts
bemerkt hat und nichts unternimmt. Der Erste geht
raus, klettert nach oben, schließt die Klappe. Die
Stimmung wird unruhiger. Der neueste Wetterbericht verheißt Windstärken bis 12. Das ist Orkan.
Wellen bis 17 m Höhe. Und wir werden da durch
müssen. Kein Entrinnen. Trotzdem schlafen gehen.

In meiner Kammer liegt alles herum. Discman und Boxen am Boden, der Sessel stand doch woanders? Doch wohl lieber alles wegpacken, in die Schubladen. Was soll schon passieren. Die da oben haben alles im Griff. Haben sie? Sie haben. Keine Angst, weil ich nicht weiß, wovor. Mein Leben verlieren? Nein. Alle wollen ankommen. Also werden alle, die können, alles dafür tun, um sicher anzukommen. Mehr Leute auf der Brücke als sonst. Auch der Kapitän ständig da. Kann zwar auch nichts gegen den Sturm tun, aber psychologisch wichtige Anwesenheit. Ich lege mich ins Bett, versuche zu schlafen. Rücken, rechte Seite, Bauch, linke Seite. Linke Seite, Hintern gegen die Wand. Gibt das den Halt, der nötig ist, um Ruhe zu finden? Stoß, Bewegung, fast aus dem Bett gefallen. Rücken. Der Magen wandert von links nach rechts, nach unten, nach oben. Wo der überall hinkommt? Nicht gewusst bisher. Manchmal wandert er im Uhrzeigersinn, manchmal dagegen. Doch nie verlässlich. Er schießt hin und her. Rechte Seite, Hände und Knie gegen die Wand. Kein Halt möglich. Aufstehen, pinkeln müssen. Oh Scheiße, Stoß, aufs andere Bett geschleudert. Ruhig bleiben. Tief durchatmen. Schön festhalten. Das Wasser im Klo wird gegen die Eier geschleudert. Man glaubt, man sitzt, doch die Wucht der Bewegung hebt einen ab vom Deckel. Und keine einzige Bewegung ist vorhersehbar. Gott sei Dank hatte ich meine Seekrankheit schon. Noch eine rauchen. Schlechte Luft. Fenster auf? Versuch. Der Regen peitscht dagegen, alles wird nass. Keine frische Luft. Die Schublade schießt aus

dem Schrank. Gut, dass ich woanders sitze. Den
Sessel festklemmen. Den Stuhl. Langsam wieder ins
Bett. Keine Ruhe.

21.01.1998

Liegen bis 6.30 Uhr. Auf. Waschen? Waschen.
Geht ohne größere Verzögerung, ohne Verletzung
vor allem. Rasieren? Nein. Trinken. Im Wohnzim-
mer ist der Mülleimer umgefallen, hat den gesamten
Inhalt über den Fußboden verstreut. Kippen,
Asche, Kaugummi. Die Kaffeemaschine, die ich nie
benutze, liegt rum. Alles mit der Mineralwasserkiste
festklemmen. Schön festhalten. Auf die Brücke.
Der Kapitän ist immer noch da. Hat gar nicht ver-
sucht zu schlafen. Wir stehen. Wir haben uns in die
Dünung gelegt und halten das Schiff gegen die
Wellen. Das Schiff hebt und senkt sich. Knallt in
die Wellen. Knallt. Alles erzittert. Bisher hat dieses
Schiff nur mehr oder weniger ruhiges Wetter erlebt.
Orkantest für das Schiff. Ein riesiger Tanker zieht
Steuerbord vorbei, in die andere Richtung. Dem
macht es nicht so viel aus. Wellen im Rücken und
vor allem keine Ladung an Bord. Nur unter Deck.
Bisher noch keine Ladung verloren. Rettungsaktion
für ein Tau am Heck. Tau schwimmt oben. Gott
sei Dank, sonst würde es in Schraube geraten. Tau
kappen? Nein. Nur im äußersten Notfall. Kostet
40.000 Mark. Alle Männer sind an Deck und an der
Rettungsaktion beteiligt. Keiner, wirklich keiner hat
ein Auge zugetan. Kapitän ist nervös. Haben die es
bald drin? Nein, nicht nach draußen gehen und

zugucken, macht nur nervös, die da unten. Vertrau-
en haben in die da unten. Sind Fachmänner, werden das schon schaffen. Haben sie´s endlich? Ja,
jetzt bewegt es sich. Puh. Der erste Offizier kommt
wieder auf die Brücke. Klatschnass, außer Atem.
Aber zufrieden. Etwas geschafft. Ich wanke runter
zum Frühstück. Müsli, Cornflakes, Tasse Kaffee.
Bloß den Magen nicht zu sehr belasten. Auf die
Kammer, Kamera bereiten. Hoch auf die Brücke
und filmen. Bis zum Mittag nichts anderes. Filmen,
reden, mich beschäftigen. Geschichten werden
erzählt. Damals vor Neufundland, der Kapitän.
Mein heftigster Sturm war ´94 in der Biscaya, Mr.
Bruce, der Wachmann. Vor Norwegen, Jimmy, der
dritte Offizier. Zwischendurch auf die Wellenhäu-
ser schauen. Fünf Stockwerke hoch. Sie wälzen uns
hoch, wir schlagen vorne rein. Gischt spritzt,
dampft. Wir setzen hinten auf. Das Schiff erzittert.
Festhalten, immer gut festhalten. Und die Kamera
draufhalten. Windgeschwindigkeiten bis 80 Knoten.
Ca. 150 km/h. Der Windstärkenmesser zeigt 12.
Mehr gibt es nicht. Ich wollte so etwas mal erleben,
nun stecke ich mittendrin. Positiv denken. Ja. Es
fällt mir leicht. Der Mülleimer poltert durch den
Raum. Der Stuhl. Wird festgebunden. Es sind unglaubliche Gebilde, die da entstehen. Sonne. Regen.
Gewitter. Regenbogen. Ein Naturschauspiel. Hält
so ein Schiff das aus? Ja. Mittagessen. Der Steward
ist totenbleich. Reis und Gemüse. Habe keine Lust
mehr zu filmen. Die Dramatik des Naturschau-
spiels ist nicht einzufangen. Möchte gerne mal raus.
Doch die Gefahr ist zu groß. Herr Roggenbach

wird angerufen, wie es ihm gehe, er sei ja noch nicht gesehen worden? Alles in Ordnung. Ob man das denn nicht hätte umfahren können? Das Tief hat laut Wetterkarte einen Durchmesser von 1000 Meilen. Wir mitten drin. Das würde zwei Tage dauern, wenn wir denn fahren könnten. Falsche Frage, Herr Roggenbach. Alle sind froh, dass der Mann sich nicht blicken lässt. So ein Wetter kann Tage dauern. Tagelang auf der Stelle stampfen. Nichts tun können. Warten. Das zermürbt. Noch ist die Laune aber ok. Der Zweite fährt seit fünf Jahren zur See. Er hat so etwas noch nicht erlebt. Ich fahre seit zehn Tagen zur See und stecke drin. Positiv denken. Das geht gut bis zum Abend. Nach dem Abendessen beginnt die schlechte Laune. Versuche zu lesen. Der Roman kotzt mich an. Draußen ist nichts zu sehen. Jetzt sieht man nicht einmal mehr, was auf einen zurauscht. Scheiße. Will etwas Runtergefallenes aufheben, werde enthebelt und lande auf dem Boden. Glück gehabt. Nirgendwo gegen geschleudert. Fluche. Bin verdammt sauer. Habe mir Tee mitgenommen. Leider die Thermoskanne nicht genug gesichert, knallt runter, steht da, lacht mich fast an nach ihrem Salto, alles Glas zerbrochen. Tropft. Lacht. Ins Waschbecken damit. Keine Flecken machen. Werde gegen die Wand gedrückt. Kann mich kaum auf den Beinen halten. Schlage vor Wut gegen die Wand. Auf wen bin ich eigentlich wütend? Als mir klar wird, dass es niemanden gibt, außer mir, auf den ich wütend sein könnte, beruhige ich mich wieder. Schlafen, ha, schlafen? Ruhe im Wohnzimmer.

22.01.1998

Gut, dass ich dort ruhte. In der Nacht ist die Gardine, inklusive Aluschiene, auf mein Bett gefallen. Hätte mich voll erwischt. Also instinktiv richtig gehandelt. Gefreut darüber. Alles hat sein Gutes! Floskel? Und wenn?
Wir fahren wieder. Die See ist ruhiger. Duschen! Herrlich! Rasieren! Herrlich! Und das alles ohne mich festhalten zu müssen. Appetit! Keiner hat eine äußerliche Schramme. Erleichterung überall. Die Oberen rüsten sich mit Helm, Overall, Gummistiefel zur Schiffsbesichtigung. Die „Fresena" hat ein paar kleine Beulen. Sonst nichts. Vorne, im Kabelgatt, ist Wasser eingedrungen. Die Pumpen laufen schon. Keine Ladung verloren. Gut. Gäbe sonst viel Papierkram zu erledigen. Ich gehe Wäsche waschen. Auch gut. Was Praktisches. Mache auch einen kleinen Gang. Frische Luft. Auftanken. Aufräumen. Am Abend schauen fast alle, die können, mit mir die Bilder an. Schweigsam. Erleichterung. Das Schiff gleitet in voller Fahrt durch ruhiges Wasser. Noch vor ein paar Tagen hätte ich gesagt: Wie langweilig. Das werde ich nie mehr sagen. Mein erstes Video an Bord. "Eine Frage der Ehre". Hollywood moralisiert vor sich hin, lenkt aber gut ab. Der erste Offizier schläft dabei ein. Gemütlich. Wie zuhause. Ob er geschnarcht hat, fragt er, nein, hat er nicht, aber auch das hätte nichts gemacht. Gute Nacht.

23.01.1998

Wir rasen mit 21 Knoten auf Philadelphia zu. Ich schreibe dieses Tagebuch. Hatte fünf Tage aufzuholen. Die Männer versuchen, die drei unter Wasser liegenden Taue aus dem Kabelgatt zu holen und zu entwirren. Wie gehe ich mit einem Menschen wie Herr Roggenbach um? Und damit war es das für heute. Morgen Philadelphia.

24.01.1998

Es hat geregnet in der Früh. Jetzt, halb sieben, wird es hell. Das Grau des Morgens lässt erste Lücken von Nichtregen erkennen. Die warme Dusche erfrischt den Körper. Die Seele ist frisch durch die Aussicht an Land gehen zu können. Selbst Industrieanlagen können etwas Beruhigendes ausstrahlen, sie stehen an Land. Wärmend angezogen, die Kamera geladen, auf die Brücke. Kapitän, erster Offizier, Rudergänger und Lotse da. Dieser Revierlotse, wie auch der später an Bord kommende Hafenlotse sehen aus wie Amerikaner, was sie ja auch sind, Jeans, Holzfällerhemd, Turnschuhe, wettergegerbt. Ich sollte mich etwas zurückhalten auf der Brücke, Passagiere an Bord von Containerschiffen sind ungewöhnlich und werden auch als solche gar nicht in den Papieren aufgeführt. Supernumeries, überzählige Personen, das sind wir. Einfacher zu deklarieren. Ich halte mich zurück. Gehe Wege, die mit denen der arbeitenden Menschen nicht auf Kollisionskurs liegen. Nach fünf Minuten kommt der Lotse auf mich zu und stellt sich vor, ich hatte das nicht gewagt zu tun, und fragt mich, ob ich Passagier sei. Ja. Nun ist es raus und nichts passiert, außer dass er mir Fragen stellt und total neugierig und freundlich ist. Bleibe auf kollisionsfreiem Kurs, aber erleichtert. Filme Flugzeugträger, die zur Verschrottung da liegen, Flugzeuge, die direkt über uns zur Landung ansetzen. Wir gleiten unter Brücken durch, wohl vom selben Architekten der Brooklyn Bridge in New York. Eine Großstadt erwacht und wir bringen ihr Dinge, die sie dafür braucht. Hoffentlich auch davon welche und nicht nur Waffen. In den Kühlcontainern soll auch edler französischer Käse sein. In welchem? Mmh, könnte man den nicht mal an-zwacken? Anstatt des immer gleichen geschmacksneutralen Käses, den wir bekommen, mal schlemmen? Die Pfeife des Schleppers, der den Hafenlotsen bringt, reißt mich aus den kulinarischen Träumen. Ist dieser Schlepper aus dem Baujahr 1908? Sein Aussehen und sein Pfeifen erinnern mich an Huckleberry Finn. Kindheit. So muss es früher gewesen sein. Wroamm- ein Jumbo fliegt direkt über uns. Keine Zeit für lange Träume. Unser Liegeplatz kommt in Sicht. Das Schiff dreht, 180 °. Wieder diese Autos am Kai. Zwei, drei Pickups fahren langsam, scheinbar ziellos umher. Stehen beieinander. Keiner steigt aus. Fahren wieder. Mal quer, mal längs. Mafia? Hafenarbeitergewerkschaft? Absprechen, wer wen überfällt, wenn Leute von Bord kommen? Solche Gedanken können doch wohl nur vom vielen Gangsterfilm gucken kommen! Oder? Es sind die Festmacher. Die, die die Leinen von Bord annehmen und am Poller befestigen. Sie sprechen wohl nur ab, wer vorne und wer achtern arbeitet. Undurchsichtiges wird bei genauerer Beobachtung nebelfrei! Dass die tatsächlich mafiamäßig organisiert sind und tatsächlich dicke Kohle machen damit, ein Tau um einen Poller zu legen, erfahre ich am Tag darauf vom Kapitän. Ein Beruf, Festmacher, der vom Vater auf den Sohn übergeht und den man nicht einfach so annehmen kann.

Das Schiff liegt fest. Wieder sanft hingesetzt vom Kapitän. Die Gangway wird heruntergelassen. Eine Frau steht und wartet. Sie ist vom Amt für Landwirtschaft. Es geht um die Überprüfung von Lebensmitteln und Tieren, falls wir solche an Bord hätten. Dann anstellen zur Pidelkontrolle. So nennen die Seeleute im Jargon die Passkontrolle. Früher einmal wurde wohl tatsächlich der Pidel kontrolliert von den Amerikanern. Erst nachdem in

Bremerhaven und in Frankreich auch mal bei Amerikanern so etwas durchgeführt wurde, es zu diplomatischen Verwicklungen kam, wird das nicht mehr gemacht. Seemannsgarn?

Wir bekommen alle unsere Landgangspässe und dürfen das Schiff verlassen. Bis 18.00 Uhr. Ich gehe mit Herrn Sierks, zweiter Offizier, von Bord. Flüchte vor Herrn Roggenbach. Hab den tatsächlich erst wieder beim Abendbrot auf dem Schiff gesehen. Herr Sierks und ich steigen auf die Ladefläche eines kleinen Transporters. Ein Elektriker. Der fährt uns freundlicherweise zum Tor des Hafengeländes. Inzwischen ist die Sonne voll aufgetaucht, kalter Wind, doch wundervoll für einen Stadtbummel. Ein Taxi wird gerufen. Vorbei am Fluss, an neuen, aber auch alten Hafengebäuden. Schlaglöcher. Müll. Da rechts, altes Schiff, große Schornsteine. Es ist die "United States". Die kenne ich aus einem Schiffsquartett. Luxusliner. So etwa wie die "Queen Elizabeth". Kindheit. Kommen daher meine Träume, so eine Reise zu machen? Majestätischer Schrott. Sie wird dort abgewrackt werden. In der Stadt. An der Liberty Bell. Freiheitsglocke, historischer Ortskern, hier wurde die amerikanische Unabhängigkeitserklärung verfasst. Philadelphia war vor Washington Hauptstadt. Geschichte pur. Herr Sierks hat die Freundin getroffen, wegen der er seit Tagen nervös ist. Sie ist da. Er ist aus dem Häuschen. Doch hat sie ihren Freund mitgebracht. Leider.

Wir trennen uns. Ich beginne meinen Stadtgang. Hier fahren Fiaker. Genauso aufgemacht wie in

Wien. Überhaupt wirkt der alte Stadtkern europäisch. Kleine Straßen. Kleine Häuser. Könnte genauso gut in Holland sein, Belgien, England oder
Deutschland. Stadtplan im Visitors Center geholt.
Sehr freundliche ältere Frau. Wie viel Zeit ich habe
für Philadelphia? Nur einen Tag? Was ich sehen
will: history, culture, modern? Für alles bietet Phi-
ladelphia etwas. Zunächst ein bisschen history,
dann culture, dann noch ein bisschen Shopping.
Das ist gut. Der Stadtplan zeigt mir, dass ich alles
zu Fuß machen kann. Wie schön. Wieso nur einen
Tag? Naja, Passagier auf einem Containerschiff.
Really? Klöne mit ihr zehn Minuten, sie will alles
wissen, hat selber mit ihrem Mann ein Segelboot.
Warum so reisen? Wohin? Wie lange? Oh great!
Nice day in Philadelphia! Es geht doch nichts über
Freundlichkeit. Und ein wenig die Sprache der
Menschen können, wo man sich aufhält. Es werden
wunderschöne Stunden. Ich laufe, genieße, sauge
auf. Erinnerungen an meinen New York Besuch.
Rodin Museum. Philadelphia Museum of Art. Hier
muss Geld in der Stadt sein, oder gewesen sein. Da
hängt doch plötzlich das Original der Sonnenblu-
men von van Gogh. Und Monets, Manets, Cezan-
nes, Mondrians, Miros und, und, und. Plötzlich ist
es fünf Uhr, noch einen Kaffee bei Barnes und
Nobles. Bisschen Süßes einkaufen. Glatt vergessen,
gut essen zu gehen. Macht nichts. Zurück zum
Schiff. Ich muss dem chinesischen Taxifahrer den
Weg zeigen. Auch gut. Die Matrosen kommen mit
riesigen Tüten voll Chips an Bord. Strahlende Gesichter. Gegen halb acht legen wir ab. Haben sieb-

zehn Container be- und sechzehn entladen. Lohnt
sich eigentlich gar nicht, doch der Charterer fängt
erst an hier Kontakte aufzubauen. Los geht´s. Wieder sanft abgelegt. Die Festmacher haben ihren Job
getan. Diesmal umgekehrt. Sie steigen in ihre Pickups und rollen zum nächsten Schiff. Wir gleiten
durch den Delaware River Richtung Atlantik. Bin
hundemüde. Die Füße und Beine sind fertig. Rufen
mich ins Bett. Doch bis halb elf bin ich auf der
Brücke. Kann es nicht lassen, die Lichter rundum
zu schauen. Fabriken. Raffinerien. Tanker legen an
und ab. Der Kapitän und ich philosophieren über
das Leben. Brauchen wir das alles hier? Öl, Benzin,
Chemie? Wir machen uns Gedanken über Benzin-
preise, Schönheitsmittel, Medikamente, was auch
immer alles dort am Ufer produziert wird. Und
zwei Drittel der Weltbevölkerung hungern. Ein
Drittel bis zum Tod. Und wir fahren Käse von
Frankreich nach Amerika! Sollten wir unsere An-
strengungen nicht viel mehr auf die Bekämpfung
des Hungers lenken? Wir könnten es sicher. Doch
der Hunger ist ja weit weg. Dort, wo er herrscht,
holen wir uns ein paar Rohstoffe ab und verwen-
den die dafür, besser auszusehen als der Nachbar.
Verrückt, oder? Und dann fängt der Kapitän an,
über unsere Herkunft zu philosophieren. Woher
kommen wir? Wo gehen wir hin? Wieso hat gerade
dieser eine Same die Eizelle getroffen und warum
in Europa? Ist das alles Zufall? Vorherbestimmt?
Gibt es eine Wiedergeburt? Was wird aus uns,
nachher? Sollten wir nicht immer wieder einmal
einhalten und danken dafür, dass es uns so gut

geht? Worüber beschweren wir uns eigentlich ständig? Nie haben wir genug! Mehr! Immer wollen wir mehr! Dabei haben wir doch so viel, dass wir es nie ausgeben können. Genuss auf den Moment lenken. Jetzt hier auf der Brücke sitzen, das Schiff fährt, wir haben den Sturm überstanden. Jetzt gleiten wir hier lang und uns geht es gut. Müde ja, aber wenn wir ausgeschlafen sind, stehen wir auf, haben zu essen. Ist das nicht großartig? In diesem Sinne verabschiede ich mich voll mit Eindrücken und guten Gefühlen ins Bett. Mit dem Kapitän scheine ich Glück gehabt zu haben. Auch laut Erzählungen der Offiziere. Herz, was willst du mehr? Es geht mir gut. Ich bin gesund. Gute Nacht.

25.01.1998

Sonntag. Doch keine Sonntagsruhe. Das Kabelgatt
steht immer noch unter Wasser. Das muss raus.
Kapitän und erster Offizier nehmen das selber in
die Hand heute. Ich filme. Dann fasse auch ich den
Mut und steige hinunter. Sieht wild aus. Die Seeleute staunen über mich. Wo ich überall herum klettere. Ich bin doch Passagier. Sollte ich nicht herum-
sitzen und lesen, oder so was? Aber nein, ich inte-
ressiere mich für ihre Arbeit und dann filme ich
auch noch ständig. Sie lachen. Das Schiff liegt ruhig
im Wasser. Ich klettere überall rum. Auf Container-
luken, Treppen rauf, runter. Frische, wenn auch
kalte Luft pfeift. Plötzlich ein Verband amerikani-
scher Kriegsschiffe. Graue Pötte. Wirken arrogant
in ihrer Macht. Haben über Funk mitgeteilt 2 Meilen Abstand zu halten. Scheißfreundlich, wie Jimmy, der dritte Offizier, berichtet, der da gerade
Dienst hat, aber sehr bestimmt. Den Abstand hält
man besser ein. Überall kleine, schnelle Boote. Sehen aus, als würden dort Hemingway und
Humphrey Bogart Schwertfische angeln wollen.
Mir ist kalt. Etwas überanstrengt gestern? Möglich.
Nordwind. Der treibt uns nach Süden, Richtung
Savannah. Ein Sonnenuntergang wie aus dem Bil-
derbuch. Nach dem Abendbrot Video gucken. Alle
sind gespannt auf meine Aufnahmen von Philadelphia und bedanken sich herzlich hinterher. Gehe
auf die Kammer und lese. Das selbst geschriebene
Buch des zweiten Offiziers. Wie sage ich ihm, dass
ich es langweilig finde. Will ins Bett, noch ein Blick

aus dem Fenster und da – Lichter überall. Schiffe?
Auch, aber vor allem Sterne. So tief am Horizont?
Ja. Auf die Brücke, nach draußen auf die Nock. So
was habe ich noch nie gesehen. Es beginnt der un-
bekannte Teil der Welt. Ich bin überwältigt von so
vielen Sternen. Ich halte das nicht lange aus. Weiß
nicht wohin mit den Gefühlen, den Gedanken. Das
würde ich jetzt gerne mit jemandem teilen. Mit
einem Menschen, einer Liebsten dort stehen. Bekomme das erste Mal Heimweh. Sehnsucht. Möchte jetzt kuscheln. Liebevoll teilen. Gute Nacht.
Schlaf gut lieber Harald, auch wenn es allein ist.

26.01.1998

Kurz vor Savannah. Kurz vor dem ersten Ankern.
In Sichtweite der Küste werden wir langsamer. Die
Einfahrt der Flussmündung ist erkennbar. Der Lotse wird erst am Abend an Bord kommen und uns
in der Dunkelheit nach Savannah bringen. Wir sind
zu früh. Der Charterer will uns am nächsten Tag
dort haben. Also warten. Also ankern. Wir stehen
fast. Der Befehl des Kapitäns kommt, der Bootsmann löst die Ankerkette und der Anker klatscht
ins Wasser. Die Kette dröhnt und rasselt. Kurze
Rückwärtsfahrt, damit der Anker sich festzieht auf
dem Grund. Wir liegen in der Dünung. Angenehme
Ruhe. Leichtes Schaukeln. Die richtige Zeit zum
Schreiben. Die letzten Tage sind zu Papier gebracht. Was tun? Der kleine Bordspaziergang wird
folgen. Die Tuvalus und Filipinos werden wohl
noch die Angeln auswerfen. Das Kabelgatt ist tro-

cken, die eigentlichen Aufräumarbeiten im Gang.
Ich muss Herrn Sierks noch etwas erzählen über
sein Buch. Ich genieße die Ruhe. Das was sich
draußen bewegt, sind nur die Wellen, die mit der
Strömung fließen, mal nicht wir. Der Blick muss
sich dran gewöhnen. Schreibende. Fürs Erste.
Kleiner Bordspaziergang ist beendet. Es ist kühl.
Nordostwind. Vorne am Kabelgatt nur genervte
Gesichter, keiner hat mehr Bock auf die Scheißar-
beit. Angeln werden nicht geworfen, es ist zu viel
zu tun. Für manche. Ich dagegen kann mich hinho-
cken und lesen. Das Buch von Herrn Sierks doch
weiterlesen. Es wird nicht viel besser, aber ich versuche wenigsten auf den Grund zu kommen, warum es mir nicht gefällt und konstruktive Kritik zu
üben. Es nützt ja nichts, es nur herunter zu machen. Ich rauche wieder mehr. Langeweile? Und
trinke viel Kaffee und esse, glaube ich, Unmengen,
für meine Verhältnisse. Wenn ich die anderen dagegen sehe. Die hauen mittags ein Steak und
abends ein Kotelett rein. Ohne mit der Wimper zu
zucken und freuen sich sogar darauf. Wenn ich
diese Fleischhappen sehe, wird mir eher übel, vor
allem wegen schlechtem Fett und geschmacklos. In
Philadelphia ist ein neuer Koch an Bord gekommen. Er kocht ein wenig besser, aber gut ist was
anderes. Ich aber esse tatsächlich wieder Wurst,
Schinken und gestern sogar ein bisschen Teewurst.
Der Käse ist zu langweilig. Oder ist mir zu langweilig. Trainiert habe ich in Hamburg vor vielen Wochen zuletzt. Hier an Bord keine Lust, obwohl hier
auch so ein Fahrrad vorhanden ist. Bin ich im

Übergang von: Neugier versiegt langsam, die Abläufe werden bekannter, zu: was kann ich hier tun, zu: wirklicher Entspannung und mal gar nichts tun? Der Tag hat doch so einige Stunden, die herumgebracht werden wollen. Und das ohne jede Aufgabe von außen. Aber das habe ich doch gewollt, oder? Der Anker wird gelichtet, wir nehmen den Lotsen an Bord und auf geht´s nach Savannah. Es soll Regen geben, sagt der Lotse. Wir kommen trockenen Fußes, doch immer feuchten Kiels an. Gleiten direkt an der Altstadt vorbei. "Das da", sagt der Lotse, "ist eine der Yachten von Bill Gates." Schön sieht sie aus, doch wird sie wirklich deshalb interessanter, weil sie dem reichsten Mann der Welt gehört? Den ich ja auch nur vom Hörensagen kenne. Was speichern wir alles in unseren Hirnen? "Wie war´s in Savannah?" "Oh, wunderbar, alter Stadtkern, und ich habe eine Yacht von Bill Gates gesehen!" "Oh, really?" Bin ich deshalb mehr Wert, weil ich wertvolle Dinge sah? Nach dem Anlegen, wieder butterweich, kommt der Agent an Bord und bringt mir Faxe, von Karin und Hans-Jürgen, Thomas und Michael und eine Karte von Elke. Liebe Freunde, Danke, große Freude! Soll ich noch in die Stadt, ein Bierchen zischen? Nein, müde ins Bett, im Hafenbecken schlafen. Obwohl die Verlockung da wäre, "Kevin Barry's", irische Kneipe, hat der Lotse gesagt, ist immer etwas los. Wegen einem Bier? Nein! Oder? Da sollen viele Frauen sein. Kellnerinnen machen Feierabend, die treffen sich da. Hin? So langsam beginnt die Tiefschlafphase.

27.01.1998

Es regnet. Es gießt. So, als würde einem jemand
einen Eimer Wasser über den Kopf kippen beim
Verlassen des Hauses. Und dabei will ich doch an
Land. Ich überlege hin und her, was ich anziehen
soll und wie übereinander, um dann eventuell
wechseln zu können. Kamera mit oder nicht? Welche Schuhe? Setze mich dann hin und schreibe
über gestern. Ca. halb zehn hört es dann auf. Die
Sonne lugt zwar nicht hervor, aber wenigsten trocken. Taxi bestellen über den Agenten und los, nein
halt, Herr Roggenbach will auch mit und wir fahren
zusammen. Ein dicker, schwarzer Papi fährt. Mein
Sitz ist nass, wahrscheinlich das Fenster nicht zu-
gehabt beim Regen. Also überhaupt, der Fahrkom-
fort in amerikanischen Taxen, also, wer schon mal
drin saß, weiß was ich meine und wer noch nicht
drin saß: so unbequem muss Kamelreiten sein.
Wobei man damit möglicherweise den Kamelen zu
nahe tritt!
Savannah Visitors Center. Wie schon in Philadelphia unglaublich freundlich und zuvorkommend,
wirklich Klasse. Gegenüber ein Buchladen, Kaffee
oder sowas. Schönes Gebäude. Wo gehen die alle
hin? Im ersten Stock ist irgendwas. Viele junge Leute. Die gefallen mir. Wirken ungezwungener als
sonst Menschen hier. Savannah College of Art and
Design, steht drüben am Haus. Aha, Kunst – und
Designstudenten und Studentinnen. Also die eine
da, so eine große, die hat so einen wundervoll ge-
schwungenen Lippenrand, geht aber gleich wieder

und die Schwarze da, klein, wache Augen, leichtes
Grinsen. Ich traue mich einfach nicht. Aber die
Stimmung gefällt mir. Nach den Regeln, die an
Bord so herrschen, ist es angenehm, mal wieder
lockerere zu spüren. Und oben? Da ist ein Künst-
lerbedarfsgeschäft und noch eine Stockwerk drüber
eine Galerie. Überhaupt, stelle ich später fest, ist die
Stadt voll mit Galerien und Häusern, auf denen
etwas von Savannah College of Art and Design
steht. Ein Studentenwohnheim, wohl von einem
Schüler oder Professor gestylt. Schön. Geschwun-
gene Geländer, Stuck, funktionelle Kunstfertigkeit.
Savannah ist eine der historischen Städte der Ost-
küste, man merkt es. Alte Häuser, renoviert, breite
Alleen. An den Bäumen hängt noch grün, Palmen
dazwischen. Hier muss es hauptsächlich warm sein.
Heute nicht unbedingt, aber man spürt es überall.
Die River Street, das touristische Zentrum. Direkt
am Fluss, Souvenirshops, Kneipen, auch das
"Kevin Barry's", Lagerhäuser, Kopfsteinpflaster.
Ich habe kaum Lust zu filmen heute. Irgendwann
essen gehen, tatsächlich noch die Möglichkeit zu
rauchen in einem Restaurant, die ersten Postkarten
schreiben. Später will ich einkaufen, doch da ist
kaum eine Möglichkeit. Also ins Taxi und eine typische Shopping Mall kennenlernen. Geschäft an
Geschäft unter einem Dach. Könnte genauso gut
EKZ Hamburger Straße oder Elbe Einkaufszent-
rum sein. Was habe ich erwartet? Wohl mehr. Mehr
Glitzer, Flitter, American Way of Life. Zurück in
die Stadt. Gerade noch alles besorgt, Schokolade
für den zweiten Offizier, Body Lotion für den ers-

ten Offizier und eine neue Kassette für die Kamera für mich. Das bestellte Taxi kommt nicht. Herr Roggenbach und ich stehen an der Straße und warten auf das bestellte Taxi. Wir müssen zurück zum Schiff. 17.00 Uhr sollen wir da sein. So eine kleine Stadt, der kann doch gar nicht so lange brauchen. Ein anderes Taxi kommt auch nicht vorbei. Wir werden langsam nervös, obwohl ja in die Zeit, wann man zurück sein soll, immer eine Karenz mit eingebaut ist. Wahrscheinlich laufen wir sowieso erst um 19.00 Uhr aus, aber trotzdem. Endlich, er kommt. Und fährt einen ganz anderen Weg, als der morgens. Soll ich was sagen? Nein, der wird sich schon auskennen. Und tatsächlich, er ist schneller da und auf einem kürzeren Weg. Und natürlich sind wir zu früh da, klar. Aber man weiß ja nie. Herr Roggenbach hat sich ein bisschen gewandelt. Nicht, dass er sich inzwischen waschen würde oder so, nein, das nicht, aber er ist ruhiger geworden, hämmert nicht mehr so mit seinen Sprüchen um sich. Vielleicht hat er gemerkt, dass er damit an Bord ziemlich allein steht. Gut so. Oder es sind die Nachwirkungen des Sturmes. Aber so persönlich will ich denn doch nicht nachfragen. Ich gehe noch mal von Bord. Am Kai stehen Trecker, Bagger und Erntemaschinen. Aufnahmen machen für meinen Bruder, der wird das lieben. Essen gehen. Zum Auslaufen des Schiffes wieder auf die Brücke. Den Fluss ruhig hinunter gleiten, den Tag mit weggleiten lassen, schlafen gehen. Der nächste Hafen, wo Landgang möglich sein wird, ist Papeete, Tahiti. Das sind, wenn alles gut geht, zweieinhalb Wochen bis dahin. Wir sehen zwar noch Land vorher, Panamakanal, dürfen dort aber nicht raus und Muroroa, aber auch dort nur auf den Kai. Und überhaupt, wer möchte schon auf Muroroa lange Spaziergänge machen?

28.01.1998

Das Schiff schaukelt wieder. Wache um 5 Uhr das erste Mal auf. Habe das Gefühl, irgendwas Besonderes ist passiert, in Europa. Geträumt? Hier schaukelt es nur. Höre mein Weinglas auf dem Schreibtisch rutschen, es fällt aber nicht. Aufstehen, Glas feststellen, Pipi machen, wieder ins Bett. 7 Uhr aufstehen, duschen, frühstücken mit Herrn Linde, erstem Offizier. Auf die Brücke, Wetterbericht lesen, wir sind am Rande eines Tiefausläufers, fahren in ein Hochdruckgebiet rein. An Steuerbord liegt Cape Canaveral. Allerdings unsichtbar, da 100 Meilen entfernt und die Amerikaner tun mir nicht den Gefallen, gerade eine Rakete loszuschicken. Die Sonne setzt sich langsam durch. Das Meer bekommt Farbe. Grün dort, wo die Wellen sich brechen. Am Schiff ein für mich undefinierbares dunkelblau, fast schwarz. Noch nie gesehene Farben. Dazwischen einige Algenreste, zwischen gelb und orange, beigebraun. Weiße Wellenkämme. Ich gehe nach vorne zur Back, so heißt der vordere Teil des Schiffes, auf den man rauf laufen kann. Da, der erste fliegende Fisch. Paradox, aber es gibt sie wirklich. Er wird von uns aufgescheucht, wird unter Wasser schnell, verlässt das Wasser, breitet wie eine

Libelle Flügel aus, flattert durch die Luft, fünf, zehn, zwanzig Meter und klatscht wieder ins Wasser. Sieht plump aus, aber faszinierend. Hänge über der Reling vorne. Da, ein etwa 1 m langer , hellblauer Fisch. Unser Bugsteven fährt direkt auf ihn zu. Er dreht sich um, schaut, denkt sich wohl: ach du Scheiße, was kommt denn da, macht ein paar kleine Bewegungen und weg ist er. Der Tuvalu, dem ich davon erzähle, sagt, das sei wohl ein Maasi Maasi gewesen. Erfahre später, Thunfisch. Ich steige ein paar Stufen eine Leiter hoch und lasse mir den Wind um die Nase wehen. Gedanken fliegen. Überallhin. Die Sonne beginnt zu wärmen. Mittagessen. Auf die Brücke zu Herrn Sierks, zweiter Offizier. Erzähle ihm von den Fischen. Und dann finde ich den Mut, ihm meine Meinung über sein Buch zu sagen. Er ist natürlich nicht besonders begeistert, aber kann doch etwas mit meiner Kritik anfangen. Bevor ich wieder gehe, heißt er Frank. Wieder nach vorne auf die Back. Abendessen. Videogucken. Klönen. Der Kapitän erzählt Döntjes. Brücke. Sternenhimmel. Wow. Lesen. Schlafen.

29.01.1998

Eigentlich ist schon der Dreißigste und ich versuche, etwas über gestern zu schreiben. Mir fällt fast nichts ein. Oh doch, 21° Nord 79° West Nähe der Bahamas, anbaden, der Swimmingpool wird voll Wasser gelassen. 23° C Wassertemperatur, Luft gleich viel. Und Feuerwehrübung war gestern. Wir Passagiere mussten zumindest mit Schwimmweste und Helm antreten. Heulen hier die Sirenen an Bord, dann aber nichts wie in die Klamotten. Alle anderen waren schon da, nein, der Koch und der Messmann fehlten noch, ich hatte tatsächlich verschlafen, na ja, also geschlafen, für mich war es also ein tatsächlicher Alarm.

30.01.1998

Wie soll man Schönheiten der Natur beschreiben?
Oder Besonderheiten? Jetzt, fast am Äquator, geht
die Sonne also wirklich im Osten auf und wandert
wirklich gerade über den Kopf hinweg nach Wes-
ten. Sie steht um halb neun schon so hoch am
Himmel, wie bei uns im Winter zu Mittag nicht. Es
ist hier in der Karibik morgens 28° C warm, Wasser
und Luft, morgens um 8 Uhr gemessen. Nachts
steht der große Wagen, das einzige Sternzeichen,
das ich wirklich kenne, mit der Deichsel nach unten
und gestern war die Spitze der Deichsel schon im
Meer versunken. Allein Veränderungen dieser Art,
neue Blickwinkel geliefert zu bekommen, tun gut.
Deshalb habe ich trotzdem heute Morgen ganz
profan Wäsche gewaschen. War ganz schön was los
bei den beiden Maschinen. Und Trocknern und
Bügeleisen. Hab zwischendurch mal das Fahrrad
ausprobiert, das im Hobbyraum steht. Und ein
bisschen mit dem Kapitän geredet in seinem Büro.
Von Seefahrt, so wie man sich das vorstellt, hat das
alles hier nicht viel zu tun. Bürokratie und nichts
anderes. Ich blicke da nicht genau durch, will das
auch gar nicht, aber allein die Formulare, die da
ausgefüllt werden müssen! Und dann besonders
Monatsende. Eigentlich sollen wir am 31. in Panama ankommen, dort uns vor Anker legen und
Treibstoff bunkern und dann möglicherweise am
Sonntagabend durch den Kanal oder eventuell
Montag. Heute um 11:00 Uhr traf ich den Kapitän
wieder, auf dem Weg zur Waschmaschine, und er

strahlte mich an: "Wir sollen Gas geben und morgen schon durch den Kanal gehen!" "Gerne. Im Hellen?" "Der Lotse wird wohl um 15.00 oder 16.00 Uhr kommen. Wenn wir dann wirklich durchfahren ist es also dunkel." "Schade." "Ja, aber jetzt muss ich arbeiten, denn das bedeutet, dass alle Abrechnungen einen Tag früher gemacht werden müssen." "Wieso?". "Weil, wenn der Agent morgen an Bord kommt, ich ihm alle Unterlagen geben möchte." "Aha." Was alle Unterlagen bedeutet, kann ich nicht wirklich nachvollziehen, ich sehe nur die einsetzende Hektik überall bei den Oberen dieses Schiffes. Und dann höre ich so Dinge wie: Überstundenabrechnungen aller Besatzungsmitglieder, Proviantverbrauch, Treibstoffverbrauch, Ersatzteilverbrauch, QAP (Quality Assurance Procedures) – das sind Auflagen der Seefahrtsbehörde, die monatlich erfüllt werden müssen und nachgewiesen werden müssen, dazu gehört die gestrige Feuerwehrübung, das heutige Üben des Einsteigens ins Rettungsboot und, und, und, Medizinverbrauch, Eintragungen aller Änderungen in die Seekarten (erscheinen vierzehntägig) usw.

Ich ziehe mich nach dem Mittagessen zurück an die Back und versuche mich als Tierfilmer. Fliegende Fische filmen. Sie flattern doch nicht mit den Flügeln. Sie stoßen sich unter Wasser mit Schnellkraft ab und breiten nur die vier Flügel aus und segeln ein Stück weg. Die Landung sieht eben doch immer noch plump aus. Am Nachmittag wieder baden. Herrliches Karibikwasser. Den Körper abgeben an die Schwerelosigkeit des Salzwassers. Hinterher duschen mit Meerwasser, dem allerdings das Salz entzogen ist und somit Süßwasser ist. Lesen. " Der Pfad des friedvollen Kriegers." Ein wundervolles Buch, das mich ins Jetzt befördert. Am Abend draußen. Mr. Bruce erzählt mir von der Vorfreude aufs Angeln. Wir werden vor Anker liegen und dann wird frischer Fisch für die Vorratskammer geangelt. Endlich wieder Fisch. Seine Augen leuchten, obwohl es dunkel ist. Gute Nacht.

31.01. / 01.02.1998

Es wird heißer und heißer. Die Karibik ist ruhig. Die Aufregung wächst. Der Schiffsverkehr nimmt zu. Wir nähern uns Panama. Es ist sommerdunstig. An Backbord ist die Silhouette einer Hügelkette zu erkennen, früher wurde wohl der Ruf "Land in Sicht" laut. Wir fahren auf die Hafeneinfahrt zu, werden "Innen" ankern. Außerhalb ankern ca. 15 Schiffe, neue, noch größere Containerschiffe wie wir es sind, kleinere Stückgutfrachter, Bulkcarrier. Und weiße Bananendampfer, immer noch so aussehend wie die "Cap San Diego", ja, auch solche Schiffe gibt es noch. Alles flirrt in der Hitze. Der Kapitän steht wieder selbst auf der Brücke, losgelöst von seiner Bürokratie. Der erste Offizier ist überhaupt nicht mehr ansprechbar, einerseits wegen seiner vielen Arbeit, andererseits scheint mir da auch eine schwere Antipathie zwischen Kapitän und Erstem vorzuliegen. Nun, das ist nicht mein Problem und auch nur eine Deutung, nichts Faktisches. Ich gehe runter an Deck, möchte den "An-

ker klatscht auf Wasser" Vorgang filmen, werde
aber aufgehalten bei einem anderen spannenden
Arbeitsvorgang. Eine schwarze Festmacherleine, ca.
10 cm dick wird, gespleißt. Eine, die aus dem Kabelgatt geholt wurde. Sie hatte sich da drin aber so
mit einer anderen verschlungen gehabt, dass sie
durchtrennt werden musste, und nun wird sie wieder zusammengefügt, ineinander verschlungen. Das
nennt man spleißen. Ein so interessanter Vorgang,
dass ich darüber den Anker verpasse. Ich höre ihn
nur fallen. Und die Kette rasselt. Und den Rost-
staub sehe ich fliegen, alle halten sich die Hände
schützend vor die Augen. Dann verfärbt sich das
Wasser. Das Grün wird vermengt mit dem
Schlamm des Grundes. Dann ist der Anker fest, wir
liegen ruhig. Die Maschine wird abgeschaltet. Mittagspause. Wir erfahren, der Lotse kommt um
18.00 Uhr. Also wird die Durchfahrt voll im Dunkeln sein. Ich erfahre außerdem, dass unser Schiff
genau einen Fuß, also ca. 33 cm, zu kurz für eine
Tagesdurchfahrt ist. Wenn wir die aber länger wären, müssten wir tagsüber durchfahren, so können
wir auch nachts gelotst werden. Ich mache den
Vorschlag, mich als Galionsfigur zur Verfügung zu
stellen, damit wir die nötige Länge erreichen, doch
wird der merkwürdigerweise abgelehnt. Nun gut,
also nachts. Den Nachmittag ist es sehr ruhig auf
dem Schiff. Ab und zu klappt irgendeine Tür, ansonsten scheinen sich viele in ihre Kojen zurückge-
zogen zu haben, Vorbereitung auf die Nacht.
Seit genau drei Wochen bin ich nun auf dem Schiff.
Das nur nebenbei. Als ich am Nachmittag die

Treppe hochgehe, zur Brücke, kommt mir ein Matrose entgegen, der Wachmann und hinter ihm eine junge Frau. Eine Frau? Ja! Da war doch was? Freundliches Grüßen. Sie schaut etwas verschämt beiseite, drückt sich an die Wand, ich ans Geländer. Nur für Sekunden begegnen wir uns und ich weiß wieder, was da sein kann zwischen Mann und Frau. Habe eine Nase voll Frau gespürt? Durch die Bluse etwas geahnt? Der andere bekannte, doch lange nicht wahrgenommene Sitz der Jeans? Was nimmt man in Sekundenbruchteilen wahr? Und verarbeitet es zu diesem stimulierenden Glücksgefühl. Frank, der gerade Wache hat, ist auch ganz aufgekratzt. Männer halt. Die Frau war von der Panamakanalbehörde und hat das Schiff auf seine Durchfahrtstauglichkeit überprüft. Aha! Was es alles gibt? 18.00 Uhr, der Lotse ist an Bord. Geht aber erst einmal Abendbrot essen. Spaghetti Bolognese. Wie jeden Samstagabend. Wenn man die Wochentage vergisst, aufgrund des Essens weiß man wieder, welcher Tag ist. Der Lotse spricht laut, unangenehm laut. Typ Latin Lover. 19.30 Uhr, der Anker wird gelichtet. Gaaaaaanz langsam bewegen wir uns auf die erste Schleuse zu. Müssen warten. Uns kommt ein Schiff entgegen, ist aber noch in der obersten der drei Schleusen. Das dauert. Fühle mich unwohl. Habe mich mit Antimückenöl, so was wie Autan, nur angeblich biologisch, eingerieben, soll ja Mücken, Moskitos und so was geben und nun stinke ich bestialisch. Halte es nicht mehr aus, runter in die Kammer, runter mit den Klamotten und mit Seife der Versuch, diesen Scheißduft wieder loszuwerden. Gelingt fast. Fühle mich etwas wohler. Biologisch hin oder her, ich hätte kotzen können. Langsam fährt das Schiff vor uns aus der Schleuse und wir können hinein. Es gibt zwei davon. Ein riesiger Neonpfeil zeigt uns, welche wir nehmen sollen, die rechte. Komme mir vor wie in Las Vegas. Die Schleusen sind grell erleuchtet, dieses typische gelblich-orange Industrieanlagenlicht. Was ist das denn da auf der Schleusenmauer? Das sind die Lokomotiven, die uns ziehen werden und in der Mitte der Schleuse halten werden. Jeweils auf jeder Seite eine vorne und hinten. Drahtseile gespannt und die Dinger ziehen uns. Sie selbst laufen wie eine Zahnradbahn. Der Lokführer sitzt quer drin. Immer das Schiff im Blick, wenn er nicht gerade Zeitung liest, der eine zumindest. Erste Schleuse. Innerhalb von zehn Minuten werden wir um neun Meter angehoben. Die Lokomotiven klingeln, wie wenn eine Straßenbahn losfährt und ziehen uns in die zweite Schleuse. Aluminiumfarben sind sie, amerikanisch sehen sie aus. Ich gehe runter von der Brücke. Auf dem Weg treffe ich fast die gesamte Besatzung, dieses Schauspiel lässt sich kaum einer entgehen. Außer Herrn Roggenbach scheinbar. Auch der Steward fährt das erste Mal durch den Kanal. Auch Frank. Auf dem Weg nach vorne sehe ich überall die Männer der Festmachercrew, die extra an Bord kommt dafür. Manche schlafen in Hängematten oder auf Tauen, an Bord. Und sie, genau wie die Lokomotivführer wirken unglaublich gelangweilt. Selten so bei Menschen gesehen vorher. Und ich tobe dazwischen herum mit meiner Kamera und den großen Augen der Neugier. Wie ein Kind. Wie schön. Beim Einfahren in die dritte Schleuse macht das Schiff eine komische Bewegung, Frank meint sofort, oh, oh, jetzt sind wir angestoßen irgendwo und tatsächlich, der Walky Talky Funkverkehr wird laut und hektisch. Hinten Steuerbord. Der Lokomotivführer, der Zeitunglesende, hat gepennt, das Drahtseil zu schlapp werden lassen. Kleine Beule. Behindert nicht. Aber was das für Menschen in Gang setzt. Hafenbehörde, Kanalbehörde, Agent, Unfallmeldung an die Reederei, den Charterer, die Bürokratie spitzt ihre Füllfederhalter. Wir sind auf dem Gatunsee. Der versorgt die Schleuse mit dem nötigen Wasser. Ich frage den Lotsen, wie lange es dauert bis zu den anderen Schleusen. Zweieinhalb Stunden. Ich gehe und lege mich hin. Bin müde. Stelle den Wecker auf 2.00 Uhr. Schlafe aber dann doch bis vier Uhr. Da sind wir schon durch. An Panama City schon vorbei. Kurz davor, wieder den Anker zu werfen. Bleibe auf der Brücke bis das geschehen ist. Der Kapitän hat mir erzählt, dass er beim Agenten Panama-Postkarten bestellt hatte, dass die tatsächlich angekommen sind und dass ich fünf haben könnte. Wir gehen in sein Büro, ich schreibe fünf. Die werden dann später dem Kapitän vom Bunkerer mitgegeben, der sie dann dem Agenten gibt, der Briefmarken drauf klebt und sie dann hoffentlich in den Briefkasten steckt und die dann hoffentlich ankommen. Halb sechs, es ist noch dunkel, ich stehe an der Luft. Frisch ist sie wahrlich nicht. Ca. 25 °C. Um uns herum wieder ca. 15 Schiffe. Brackwasser,

Temperatur, Schiffe und Wasser ergeben die Luft.
Der Bunkerer legt an. Bis 12.00 Uhr werden wir
betankt. Mit dem Auto fährt man zur Tankstelle, da
ist ein Kiosk dabei, hier legt die Tankstelle an
Backbord an und stinkt. Und ein Kiosk ist nicht
dabei. Und hab ich schon erzählt, dass so ein mit
Schweröl betriebener Schiffsmotor ziemlich viel
Ruß aus dem Schornstein entlässt? Der fällt wieder
nach unten und mit dem Wasser, das ständig an
Bord kommt und dem feuchten Morgendunst
ergibt es einen schwarzen, klebrigen Schmierfilm,
der überall auf dem Schiff vorhanden ist. Täglich.
Da kommt keiner mit dem Putzen nach, auch wenn
das ziemlich oft geschieht. Und seit drei Tagen hat
niemand mehr geputzt. Rost klopfen war wichtiger.
Ich höre Stimmen vom Achterdeck. Da stehen sie.
Zehn Tuvalus mit Schnüren in der Hand, an jeder
Schnur zwei bis fünf Haken und angeln. Endlich.
Darauf haben sie sich seit Tagen gefreut. Entsprechend fröhlich sind die Gesichter. Ich schaue zu,
werde freundlich begrüßt. Doch sie holen nur kleine Fische raus. Etwa so groß wie Heringe und nicht
besonders viele. Keine Barrakudas, wie beim letzten Mal. Der falsche Ankerplatz angeblich. Die
Dämmerung setzt ein. Die Sonne geht auf. Da fischen noch mehr. Pelikane und Basstölpel. Pelikane
sehen so plump aus, Basstölpel fliegen eleganter,
eher wie Möwen, sehen auch ein bisschen so aus,
doch von großem Erfolg scheint auch deren Fischen nicht gekrönt zu sein. Ich krieche auf die
Brücke zurück, bin doch ziemlich kaputt. Morgen-
stimmung mit aufgehender Sonne. Sonntagsmor-

genradiogedudel aus Panama. Die Skyline erscheint im Dunst. Der Tierfilmer schlägt wieder zu. Vögel beim Fischfang. Lege mich wieder hin.

12.00 Uhr, wir laufen ab, vollgetankt. Beim Mittagessen fragt Herr Roggenbach, warum denn das mit dem Betanken so lange gedauert hat und warum nicht durch zwei Leitungen gepumpt wurde. Sehr ruhig und freundlich gibt ihm der Kapitän zu verstehen, dass wir 700 Tonnen getankt hätten und dass man ein Auto ja auch nicht mit zwei Zapfpistolen füllen würde. Und Herr Linde fragt noch, warum er denn so eine Reise machen würde, wenn er es eilig hätte? Keine Antwort.

Pazifik

Jetzt beginnt der Teil der Reise, der mit Meer, Ozean zu tun hat, ohne Häfen. 4200 Seemeilen ohne Land zu sehen. Etwa 7600 Kilometer nur Wasser. Dabei werden drei Kursänderungen vorgenommen. Auch eher kleine. Der Autopilot übernimmt das Ruder. Der Swimmingpool wird wieder voll Wasser gefüllt, wir sind zwar schon fünfzig Meilen von der Küste weg, im Golf von Panama, doch das Wasser ist so trübe, ich verzichte. Gehe auf die Back. Ein paar fliegende Fische, ein paar Basstölpel, die jagen. Und dann Delphine, etwa fünf, wieder vor dem Bugsteven dahin gleitend, aber nur selten aus dem Wasser springend. Die Sonne steht genau von vorne drauf, so dass ich sie kaum sehen kann und auch kaum filmen. Sie verschwinden auch schnell wieder. Vielleicht weil kurze Zeit später er kommt, der Alte. So sieht er jedenfalls aus. Groß, mit einigen Narben auf dem Rücken, dunkler in der Farbe. Er ist allein. Und er zieht eine coole Show ab. Mir zu Ehren? Man könnte auch sagen, es sieht bei ihm majestätisch aus. Er gleitet vollkommen ruhig vor uns her und springt in einem fast gleichmäßigen Rhythmus. Den Körper mal nach links und mal nach rechts verschoben. Mit einem letzten Jump verabschiedet er sich, und mein Tierfilmerherz hüpft über das sonntagsnachmittagsruhige Schiff zur Schwarzwälder Kirschtorte. Am Abend sind alle scharf auf meinen Panamafilm, doch sehr schnell wird deutlich, dass so eine Nachtdurchfahrt nicht die Bilder liefern kann, die sich alle erhofft haben. Erst beim "Alten" werden alle noch kurz munter, um dann todmüde in die Koje zu sinken.

02.02.1998

Ich habe darum gebeten, dass ab 7.00 Uhr der Swimmingpool mit frischem Wasser gefüllt ist. Ja, ich wache schon um 6.00 Uhr auf, ohne Wecker, frühstücke aber erst nach 8.00 Uhr, also Zeit zum Schreiben, zum Trainieren, zum Baden. Ja, ich trainiere wieder. Erstens stimmt meine Einstellung dazu wieder und zweitens liegt das Schiff so ruhig, dass es geht. Mein Körper dankt es mir. Und mein Geist atmet freier. Lesen. Filmen, das eher lustlos, habe in den Tagen zuvor zu oft damit gearbeitet. Gibt auch wenig zu sehen. Der Tag schlendert wach, aber ohne besondere Vorkommnisse an mir vorbei. In der Sonne ist es unerträglich heiß, im Schatten fange ich nach einer halben Stunde an zu frieren, der Fahrtwind, und vielleicht sollte ich doch mehr als eine Badehose anziehen. Mir wird klar, dass ich noch sieben Wochen vor mir habe und ich freue mich darüber. Ich war noch nie so lange in Urlaub und spüre die Chance, mich mit mir zu beschäftigen. Auch, weil wir zehn Tage lang nur auf See sein werden, kein Hafen, keine Stadt ablenken wird. Und ich den Ablauf hier an Bord langsam kenne. Ich habe mich eingelebt, wie es so schön heißt. Jetzt bin ich dran. Mit mir. Doch zunächst muss in meiner Kammer noch ein Stützbalken eingezogen werden, Nachwirkungen des Sturmes, mir droht die Decke auf den Kopf zu fallen, nicht bildlich, tatsächlich. Bin ich Majestix? Nein, bei dem ist es außerdem der Himmel.

Apropos Himmel. Die Basstölpel, diese eleganten Flieger am Tage, sie sind nachtblind, die Armen. Fischen und Jagen, das ist das, was die Tuvalus vor ihrem Seemannsjob gelernt haben und sie beherrschen es immer noch. Schon seit Tagen wird darüber geredet. Beim Fischen durfte ich sie schon beobachten, jetzt ist das Jagen dran. Es ist Abend geworden. Ich stehe auf der Brücke, draußen neben Mr. Bruce, er hat Wache. Und er hat ein Fernglas dabei und beobachtet ständig den vordersten Mast. Dort ist eine Positionslampe installiert. Und in diesem Licht sieht man einen Schatten sich bewegen. Basstölpel. Neben dem fast Halbmond ist die Laterne die einzige Lichtquelle weit und breit. Da es zum Mond zu weit ist, setzen sich die Vögel neben die Lampe auf die dort vorhandenen Geländer. Zur Nachtruhe. Wie trügerisch dies sein kann. Mr. Bruce und ich bekommen Besuch. Zwei Männer, die in der Maschine arbeiten, kommen. Es wird viel geredet und die Hände zeigen immer wieder in Richtung des Mastes. Mr. Bruce erklärt mir, heute sei es soweit. Die beiden würden jagen. Ich will mit nach vorne, zum Beobachten. Das sei in Ordnung, doch nur, wenn ich absolute Ruhe einhalte. Nicht reden, nicht bewegen. Ich ziehe mir Turnschuhe und ein dunkles T-Shirt an. Doch zunächst müssen die beiden noch Telefonate mit ihren Frauen führen. Über Satellitentelefon. Das dauert. Und ich denke, die verdienen so wenig Geld? Und das Telefonieren ist teuer. Aber das ist nun wirklich nicht mein Problem.

Es geht los. Schweigend über das stockdunkle Schiff nach vorne. Anschleichen. Verstecken. Ruhige Bewegungen. Der Erste klettert die Leiter hoch. Da oben sitzen sie. Ich sehe drei. Der dem Licht nächste putzt sich. Dunkle Hose, dunkles Hemd, dunkle Hautfarbe, ich sehe nur einen Schatten, der sich langsam an die Beute anpirscht. Soll ich mich, der ich unten bleibe, schnell bewegen, die Beute verjagen? Aus moralischen Gründen? Ich bleibe still. Es bleibt oben lange still. Die Pirsch fordert Geduld. Ein heiseres Krächzen. Ein Vogelkörper fällt zu Boden. Schreien die Anderen auf? Warnen sie? Fliegen sie weg? Nein. Sie sitzen und putzen sich. Der zweite Mann ist oben angekommen. Zweimal krächzende Laute. Ein Körper fällt. Was ist mit dem anderen? Ich sehe nichts. Ich höre nichts. Beide kommen heruntergeklettert. Flüstern. Ein Vogel sitzt doch noch oben. Inzwischen gelandet. Scheinbar hilflos. Der fliegt nicht wieder weg. Nein. Sitzt da und wird kurze Zeit später auch gefangen. Der zweite Mann war als erster unten und hat seinen Vogel nicht getötet. Noch nicht. Er hat ihn im Arm, streichelt ihn. Noch. Zeigt ihn mir. Der Vogel ist ruhig. Weil er weiß, dass er keine Chance hat? Weder wegfliegen kann, noch dem Mörder etwas anhaben kann? Kann ein Vogel denken? Es sind meine Gedanken. Der erste Mann kommt auch runter. Der Zweite geht zu ihm. Sie suchen den ersten gefallenen Vogel im Dunkeln. Dumpfe Schläge. Vier Vögel sind tot. Sie werden

später in der Nacht noch gekocht. Und gegessen.
Aber da schlafe ich schon. Sie sollen gut ge-
schmeckt haben.
Fischer und Jäger. Unser Fleisch kommt aus dem
Supermarkt, darum haben wir mit diesem blutigen
Geschäft nichts mehr zu tun. Wir züchten unser
Fleisch ja auch vorher. Aber bevor es im Regal
liegt, waren es auch mal lebendige Tiere. Ach ja,
bevor ich schlafen ging, wurde noch mit einem Bier
der Fang gefeiert. Ich wurde herzlich eingeladen zu
diesem Bier. Es hat mir geschmeckt. Beck´s Bier.
Denn Beck´s Bier löscht....

03.02.1998

Das Bedürfnis zu schreiben überfällt mich. Mit
jemandem reden, der mir vertraut ist. Also schreibe
ich Faxe und teile einige Gedanken und Erlebnisse
lieben Menschen mit. Das tut gut. Auch wenn ich
am Abend darauf warte, eine Rückantwort zu bekommen. Weil ich das von den Menschen gewohnt
bin. Zunächst also Freude über die losgelösten Gedanken, die per Satellit vom Pazifik aus nach Europa in Sekundenbruchteilen eilen. Doch meine Un-
ruhe wächst, je länger der Tag dauert. Irgendetwas
scheint passiert zu sein. Oder ich weiß, irgendwer
will mich erreichen und schafft es nicht. Aus welchen Gründen? Ich weiß es nicht. Der Kapitän hat
die "West Side Story" auf Video dabei. Der Film
aus den Sechzigern. Ich habe ihn noch nie gesehen
gehabt. Hoch interessant, die Ästhetik. Bonbonfar-
ben, bunt, grell, laut. Jeans und Turnschuhe. Gegel-

te Haare. Petticoats. Die Musik ist wundervoll. Sie erfüllt. Doch die Gesichter dazu, die singenden und tanzenden, das gefällt mir immer noch nicht. Trotzdem bin ich dem Kapitän dankbar für den Filmabend. Lesen. Gute Nacht.

04.02.1998

Bin immer noch unruhig. Irgendjemand möchte etwas von mir und schafft es nicht, mich zu erreichen. Draußen regnet es. Es hat die ganze Nacht geregnet. Es ist warm, bleibt trotz des Regens warm. Eine relativ hohe Dünung macht sich bemerkbar. Doch woher kommt sie? Von Norden oder von Süden? Oder tatsächlich von beiden Seiten? Ja, das ist es, sie verläuft ineinander und bringt das Schiff zum Schaukeln. Ich habe das dumpfe Gefühl, schon wieder alles festbinden zu müssen oder wegzupacken. Doch komischerweise sind es nur mein großer, dicker Kugelschreiber und das Saftglas, die auf dem Tisch gleiten. Die Dünung ist so lang, dass ich das Glas einmal dabei beobachte, wie es von links nach rechts rutscht und jeweils kurz vor der Tischkante stehenbleibt und die Richtung ändert. Das geht eine Zeitlang gut und macht Spaß, doch auf die Dauer nervt es, weil man sich selbst ständig unter Kontrolle haben muss und die Erinnerung an den Sturm steckt doch noch im Gleichgewichtszentrum. Beim Gedanken daran krieg ich schlechte Laune. Nicht Angst wegen der hohen Wellen oder davor unterzugehen, sondern wegen der Hilflosigkeit, dem Hin- und Hergeworfen sein, ohne Kontrolle darüber zu haben. Wirklich der Natur und dem Schiff ausgeliefert sein. Hab ich noch nicht überwunden.

9.00 Uhr morgens, vereinbare für 11.00 Uhr einen Termin mit dem Kapitän. Er erzählt mir: gegen 10.10 Uhr überqueren wir den Äquator und heute Abend gebe es ein Barbecue. Auf die Brücke. Wir sind bei 0°09' Minuten Nord, Kurs 241 und ca. 45 Minuten vor dem Überqueren des Äquators. Frank hatte gemeint, er würde ein rotes Band auslegen für mich und meine Kamera. Äquatortaufen gibt es in dem romantischen Sinne nicht mehr. Wobei, romantisch ist das ja wohl nie gewesen. Die Täuflinge früher wurden zunächst in einen dunklen, möglichst heißen, stickigen Raum gesperrt, dann einzeln herausgeholt, nach Stunden. Sie wussten nie wann. Dann mussten sie in eine Tonne oder Sack oder Swimmingpool, gefüllt mit den Essensresten der letzten vierzehn Tage und Öl und was man so an Dreck fand, steigen und wurden dann untergetaucht, bekamen einen Taufnamen genannt, den sie beim Auftauchen nicht vergessen haben durften, sonst wurden sie wieder untergetaucht. Und sie mussten sich freikaufen mit einer Kiste Bier oder zwei oder mehr, je nach Dienstgrad. Dann bekamen sie einen Taufpass von einem als Neptun verkleideten Offizier. Und dann, wenn alle durch waren, wurde gesoffen. Ekelhaft. Heute wird stattdessen einfach ein Grillabend veranstaltet, ist mir auch lieber. 0° 07'000 Sekunden Nord. Herr Roggenbach kommt auch, welch seltener Besuch auf der Brücke. Jimmy hat Wache. Er soll das Horn erschallen lassen, wenn es passiert. Von Menschen irgendwann festgelegt, der Äquator. Nichts zu sehen. Reine Fiktion. Und doch Faszination. Mein erster Übertritt auf die Südhälfte der Erde. Auf dem Kopf stehen? Nein, die Erde ist rund, das wissen wir ja nun längst. 0°00'001" S steht da. Ich bin drüber. Wir sind drüber. Es ist wie Geburtstag oder Silvester. Nur ein Datum, nur eine Koordinate. Keine Veränderung. Zeit ist vergangen. Das ist alles. Und doch etwas Besonderes. Weil es ein von außen festgelegter Haltepunkt ist, eine Konstante. Und man hat zuhause etwas zu erzählen. Es hat seit etwa halb zehn nicht mehr geregnet. Es ist zehn nach elf, den Termin mit dem Kapitän fast vergessen, es ist so faszinierend, einfach aufs Wasser zu schauen und zu träumen. Zeit wird so unwichtig, manchmal. Ich rede mit ihm über Frauen an Bord, ein Freund wollte das wissen, ist nicht besonders aufschlussreich, außer dass es immer eher kompliziert ist, Frauen an Bord zu haben. Das habe ich mir fast selber gedacht. 25 Männer und 1 Frau auf so engem Raum, da ist Komplikation an sich klar. Wäre umgekehrt ja nicht anders.

Mittagessen, lesen, aber nur kurz, es hat wieder angefangen zu regnen. Tropischer Regen. Genauso nass wie in Deutschland, aber eben warm, so wie ein warmer Sommergewitterregen. Und die liebe ich. Also, kurze Hose an, Badehose drunter und ab zur Back. Doch als ich dort bin, hört es auf. Trotzdem, seit langer Zeit allein draußen, niemand arbeitet vorne, zu feucht. Die Ruhe da vorne, also natürlich ist es nicht ruhig, der Fahrtwind, die Gischt, die das Schiff erzeugen, sind immer da, doch eben keine mechanischen Geräusche, kein Knistern und Knarren und Klappern, also die Ruhe genieße ich. Stelle mich an ein Geländer, denn die See ist ziemlich hoch, halte mich und genieße. Warme, feuchte Luft. Und man sieht jede Regenwolke, mal eine halbe, mal zwei und mal zehn Meilen entfernt. Ein Schauspiel. Und weil hier kein Busch, Baum oder Haus dazwischen steht, weil ganz einfach freie Sicht herrscht, herrlich. Und dann fahren wir wieder in eine Wolke hinein. Ich sehe fast nichts mehr, spüre nur noch das warme Wasser aufs Gesicht klatschen, es tropft von der Stirn und Nase, es läuft. Runter mit dem T-Shirt und der Hose, stehe nur noch in Badehose da und dusche im feinsten Tropenregen. Auf einmal Schritte neben mir, einer der Tuvalu, kurze Hose, klatschnass, Hemd ebenso, Gummistiefel, gelb, steht neben mir und schließt irgendeine Lüftungsklappe und sagt nur trocken: "It is nice, he?" Worauf ich nur blöde grinsend "Yeah" von mir gebe und mich wie ein kleiner Junge ertappt fühle. Dabei lass ich es mir doch nur einfach gut gehen. Und er denkt sich doch auch nichts dabei. Nun ja. Als ich auf die Brücke komme, um Kaffee zu trinken, hat der Kapitän drei Faxe für mich, alle von Kurt, der mich ungefähr zwanzig Mal versucht hat anzufaxen. Der Satellit war ein anderer als gedacht, obwohl im Pazifik fahrend, immer noch im Ost-Atlantik Telefonsatelliten, unlogisch aber wahr. Mich hatte mein Gefühl also nicht getrogen und es waren eher traurige Nachrichten. So dicht ist alles beieinander. Freude,

Trauer, Scham, Lust. Ich setze mich hin und schreibe, will nach dem Abendbrot weitermachen, doch ein Video hält mich, irgendein Film, Ablenkung. Tut aber gar nicht gut. Gehe doch auf die Kammer, schreibe weiter. Doch ich bin so unruhig. Mir fehlt jemand zum Teilen. Ich kann zwar Frank ein bisschen erzählen, aber da ist noch kein Vertrauen. Mir fehlt jemand Vertrautes. In solchen Situationen ist das Alleinsein deutlich. Das Barbecue fällt übrigens ins Wasser.

05.02.-08.02.1998

Auf dem weiten Pazifik. Zweitausend Meilen entfernt von jeglichem Land. Und dort, wo Land ist, leben nur Echsen. Galapagos Inseln. Am 5. und 6. sehen wir jeweils noch ein Schiff. Am 6. und 7. jeweils ein paar Delphine, alle weit weg. Sonst nichts! Wasser, Wolken, Sonne, Mond und Sterne. Als wäre das nichts. Es ist etwas und ich schaue auch gerne hin, aber mehr, um hindurch zu schauen, um wieder bei mir zu landen. Zeit, in mich hinein zu schauen. Am 06.02. abends 22.30 Uhr die letzte Zigarette geraucht, nach Allan Carr´s "Endlich Nichtraucher". Morgens, genau wie am 08.02. eine Freundin angerufen, Geburtstagsgratulationen. Satellitentelefon! Was für eine Erfindung! Freudige Überraschungen verbreiten. Sehnsucht nach Umarmungen, nach Wärme und Nähe von Menschen, die mir nah sind. Komme mir selber immer näher, immer mehr auf die Spur. Erkenne Mechanismen. Hin zu den Freunden und Freundinnen, dann brauche ich nicht zu mir zu schauen. Möchte ich aber. Ich möchte so gern perfekt sein, angstfrei, ein Frauenheld und natürlich ewig gesund, nur phantasievoll, intelligent, na eben perfekt und ärgere mich ständig darüber, dass ich es nicht bin. Humor lernen wäre schön, Ängste anerkennen, schon ohne ihnen die Bedeutung zu geben, die sie erheischen. Oh Mann! Dudideldum!

Ich jubele! Ich rauche nicht mehr. Am 7. war ich so müde, hatte das Gefühl seit langer, langer Zeit mal wieder richtig entspannt zu sein. Die Entspannung und Müdigkeit auch zulassen zu können.

8.2. Das Barbecue, der Grillabend wird nachgeholt. Der Koch hat sich wirklich Mühe gegeben. Alle futtern. Ein paar Tuvalus saufen, tanzen. Der Kapitän wird immer leiser. Er hat Angst vor Randale. Ich erkenne an ihm, was ich gerne wäre: perfekt. Also er hätte es gerne so. Ein Fest, was genauso abläuft, wie er es organisiert hat. Ohne große Ausfälle in jeglicher Richtung, doch die Jungs sind anders drauf. Ich muss lachen. So deutlich einen Spiegel vor die Nase zu bekommen. Wie schön.

Die Jungs halten lange durch in dieser Nacht. Genauer, es sind vier Jungs, zwei aus der Maschine und zwei von Deck. Einer von denen hat noch vier Stunden Wache zu gehen, besser zu stehen. Wie mir Frank am nächsten Tag erzählt, hat er es auch durchgehalten, diesmal ohne umzufallen. Vor einigen Nächten ist er mitten in der Nacht einfach umgefallen, war einfach eingeschlafen. Und auch kaum wieder wach zu kriegen. Doch diesmal "nur" betrunken. Eben musste ich noch lachen über den

Spiegel, jetzt werde ich melancholisch, die Wirkung von Musik. Laute Popmusik mitten auf dem Pazifik, unter freiem Himmel, eine Flasche Beck´s in der Hand. Ob tanzend oder ins Wasser schauend, die Melancholie, die Sehnsucht, das Heimweh setzt ein. Und nicht nur bei mir. Das erste Mal eigentlich sind Frauen ein Thema, die abwesenden Frauen. Sonst wird tunlichst vermieden über sie zu reden. 'Harte Männer machen das mit sich alleine aus!' So kommt´s mir vor. Ich ja auch. Gehe im Dunkeln zur Back, endlich mal allein da vorne. Hab mich bisher im Dunkeln nie getraut dahin zu gehen. Hab auch jetzt Schiss. Die Geräusche, ächzende Container, knirschende Ketten, hier schlägt was, da pocht was. Sind hier Nachtgeister? Taucht ein Ungeheuer aus dem dunklen Ozean auf? Dunkel, unbekannt, unheimlich. Zu viele schlechte Filme geguckt. Alles mit Grusel behaftet. Dazu die Fahrgeräusche, der Wellenschlag, die Gischt. Der Respekt vor dem Schiff, dem Stahl und dem Wasser, hier etwa 3500 Meter tief, ist gewaltig. Hier und jetzt ins Wasser fallen – Lebensende, definitiv, niemand würde einen sehen oder hören. Andererseits, der Reiz allein, auf der Back, im Dunkeln, in 3 Tagen ist Vollmond, ist so groß…. Und es ist warm. Nur der Fahrtwind. Es hat was vom Fliegen. Wenn man hier die Flügel ausbreitet und sich genug konzentriert, müsste es gehen. Leicht über dem Boden schweben, mit dem Schiff in einem Tempo. Muss ein Vogel es wundervoll haben. Die Angst wird weniger. Tief durchatmen hilft tatsächlich. Und die Luft schmeckt so gut, leicht salzig, ohne Rauch. Ich

rieche mich wieder, mmh, lecker. Eine Seefahrt, die
ist lustig, eine Seefahrt, die ist schön!

09.02.1998

5.00 Uhr wach geworden. Nein, noch zu früh.
Wieder eingeschlafen. 6.00 Uhr. Es dämmert. 6.10
Uhr erste orange Lichtflecken wandern auf der
Wand. Aufstehen. Fleckenwanderungsbeobach-
tung. Schreiben. Trainieren, soweit das bei den
Schaukelbewegungen möglich ist. Trainingsfortset-
zung im Swimmingpool. Finde 27°C im morgend-
lich frischen Pazifikwasser vor, um 7.15 Uhr. Der
Wind treibt die Abgase des Schiffes so weg, dass
tatsächlich frische Luft einzuatmen ist. 8.00 Uhr
Frühstück mit Herrn Linde. 8.40 Uhr die Wasch-

maschine ist fertig. Die nasse Wäsche in den Trockner, die zweite Waschmaschine gefüllt. 8.55 Uhr ins Kapitänsbüro, Brief an Kurt geschrieben und 9.30 Uhr ihm gefaxt. Den Kapitän beim Computerspiel ertappt. Hihi! 9.45 Uhr trockene Wäsche zusammengelegt, zweite Wäsche in den Trockner. 10.00 Uhr oben auf der Brücke bei Jimmy. Kaffeezeit. "Hey Harald, how is life?" Diese Anrede werde ich sicher vermissen irgendwann. Auf der Seekarte schauen, wo wir sind. Ablästern über Muroroa, da wird nichts los sein, dass wir da überhaupt hin müssen. Stephan Eisen kommt, der Praktikant. Hört sich manchmal so an, als sei er gerade siebzehn geworden, dabei ist er neunundzwanzig und wird demnächst die Schule besuchen, um Nautiker zu werden. 10.40 Uhr runter zur Wäsche und dann in die Kammer. Lesen bis 12.00 Uhr. Runter zum Mittagessen. Neben dem Teller liegt ein Fax von Kurt. Bedankt sich und er sei gerade nach Haus gekommen aus dem Waschsalon. Parallelität der Tätigkeiten. Soweit weg er ist, ich sehe ihn vor mir dabei. Eine kleine Form der Nähe. Reis mit Bohnen. Vorher Suppe, hinterher eine Birne. Hart, fest, wohl genetisch behandelt, weil amerikanisch, meint Andrjez, der Elektriker. 12.40 Uhr auf der Brücke bei Frank. Diskussion über den "friedvollen Krieger", das auch er verschlungen hat. 13.30 Uhr Fotokamera in der Hand und Rundgang übers Deck. Vorne wird Rost mit Farbe abgedeckt. Die Farbe ist von Hempel, das sind die mit dem Sofa, oder? 15.15 Uhr beim Kaffeetrinken auf der Brücke. Der Kapitän bestätigt mir noch mal die Unbedenklich-

keit Muroroas. 16.00 Uhr runter, lesen. 18.00Uhr
Slop Chest, der Minikiosk des Kapitäns. Ich hole
mir eine Dose Erdnüsse. Abendessen. Danach
"Mississippi Burning" auf Video mit Frank und
dem Kapitän. 20.30 Uhr Schlückchen Kaffee auf
der Brücke. Mr. Bruce und Jimmy da. Mr. Bruce
erzählt mir, dass er und einige andere morgen die
Kräne des Schiffes bedienen. Für jeden bewegten
Container gäbe es 10 Dollar. 50 Container werden
abgeladen, 35 Container geladen in Muroroa. Also
etwa 850 Dollar, was unter allen gleichmäßig verteilt wird. Und er fragt mich, was ich bei der Reederei Martime mache? Ich erzähle ihm von meinem
tatsächlichen Beruf und er staunt. Am nächsten
Tag sind einige der Jungs wieder freundlicher zu
mir und der Kapitän erzählt mir, dass er neulich
einem Lotsen auf Anfrage, wer ich denn sei, eine
Geschichte erfunden hätte. Ich sei Reedereiange-
stellter, der eine Reise gewonnen habe. Das sei für
den Zoll und die Einwanderungsbehörde immer
einfacher als Passagier anzugeben. Mr. Bruce muss
gerade Dienst gehabt haben bei dem Lotsen. 21.15
Uhr lesen. Letzter Schluck Rotwein aus der Flasche, die ich am 15. Januar gekauft habe. 22.45 Uhr
Sternenhimmel schauen auf der Brücke. 23.30 Uhr:
ich falle ins Bett.
So etwa sieht ein Tag aus hier an Bord. Ein Tag
ohne Hafen, ohne besondere Vorkommnisse. Was
ich jetzt mal nachrechnen möchte, ist: wie viele
Stufen bin ich an diesem Tag runter und rauf gelaufen. Ein Stockwerk sind sechzehn Stufen. Wäsche-
rei und Slop Chest im ersten Unterdeck zwanzig

Stufen. Kapitänsbüro (Erdgeschoß), Offiziersmesse (1. Stock), Swimmingpool (2.Stock), meine Kammer (5. Stock), Brücke (6. Stock). Insgesamt 82 Stockwerke gelaufen, oder 1368 Stufen. Die Hälfte runter. Welch ein Luxustag, wenn man sich über so etwas Gedanken machen darf.

10.02.1998

Es hat aufgebriest. Wellen gar nicht so riesig hoch, aber lang und aus unterschiedlichen Richtungen. Unangenehmes Schaukeln. Schlechte Laune. Und heute Muroroa. Das hebt die Laune nicht gerade. Möchte die Kassette in der Kamera voll bekommen, gehe in den Maschinenraum. Hab ich, glaube ich, noch nicht erzählt, am 8., also Sonntag, hat sich der zweite Ingenieur tatsächlich bereit erklärt, eine Führung durch die Maschine zu machen. Fast schon ein Wunder. Viermal Fragen hat es bedurft, bis dies geschah. Die Ingenieure sind eher scheu uns Passagieren gegenüber, vorsichtig ausgedrückt. Oder anders, wir gehen ihnen am Arsch vorbei! Sie fragen sich sowieso, wieso man so bekloppt seinen Urlaub verbringen kann. Muss doch ätzlangweilig sein auf so einem Schiff. Na ja, hab ich Idiot ja auch schon mehrfach drüber nachgedacht, aber noch bin ich ja auf meiner Jungfernfahrt und höchstinteressiert. Und überhaupt ist doch alles Kacke, geht's weiter. Kein Interesse für nichts, also zumindest wirkt es so. Wobei der Chief, so heißt der Kapitän der Maschine, ständig vor seinem Computer sitzt und Spiele spielt. Nun ja, jeder nach seiner Façon. Also jedenfalls leben die in ihrer eigenen Welt, wie Maulwürfe. Und ihre Maschine lieben sie wohl auch. Nein, so was könnten sie wohl nie zugeben. So ein Schiff wie die Fresena sollte jedenfalls verboten werden. Stimmt doch alles nicht. Nur Negatives, so dahin geworfen. Aber bei der Führung war es plötzlich anders. Der zweite Ingenieur war freundlich, wissend, hat alles erklärt, auf Nachfrage geantwortet. Erstaunlich. Ich habe ja nicht viel Ahnung von Technik, aber was ich da sah: faszinierend! Über drei Stockwerke vollgestopft mit Wunderwerken. Eine kleine Fabrik. Da staunt der kleine Junge im Mann. Also heute hab ich dort gefilmt. Und wurde dabei freundlich beobachtet. Völlig verschwitzt, in den Maschinenräumen herrschen nahezu 40 °C und es ist so laut, dass ohne Gehörschutz kein Aufenthalt möglich ist, klettere ich wieder in meine Kabine.

Muroroa naht. Ein Atoll. Kaum zu sehen, weil total flach. Höchste Erhebung ein paar Bäume, vielleicht 7 Meter hoch. Farbspiele des Wassers beim Brechen. Grün, Blau, Türkis in seiner schönsten Form. Der Hubschrauber mit dem Lotsen nähert sich. Kleine Übung für das Militär. Freundlicher älterer Franzose. Wir tuckern durch die schmale Einfahrt, mitten in das Atoll. Am anderen Ende der Hafen. Hafen? Eine Kaimauer, vierzig Container, eine kleine Halle. Ein schwimmendes Hotel, wie die Asylantenschiffe im Hamburger Hafen. Für die philippinischen und tahitianischen Arbeiter, die dort alles abbauen. Verseucht ist sie, die Insel. Jetzt können die Ureinwohner der Südsee auch den

Dreck wegräumen. Dieses Atoll muss mal richtig idyllisch gewesen sein. Wir dürfen nicht an Land. Angeblich, weil dort eben viel Militärisches abgebaut wird. Und das dürfen wir nicht sehen. Ich wäre gern und sei es nur einige hundert Meter mal wieder an Land gegangen. Vierzehn Tage nur Schiff ist ziemlich öde für die Füße. Die Jungs fangen an, die Kräne zu bedienen. Es läuft alles wie geschmiert. Zum Abendbrot gibt es auf einem deutschen Schiff von einem philippinischen Koch in Muroroa bei dreißig Grad im Schatten: Eisbein mit Sauerkraut! In der Abendbrotpause runter vom Schiff, Fußball spielen, fast alle machen mit, herrlich. Wir lachen und bolzen die Seemüdigkeit weg. Zwei angeln. Die Fische sehen ganz normal aus. Keine Tumore oder so was. Wundervolle Abendstimmung. Genieße es, dass das Schiff nicht schaukelt. Ganz in Ruhe lesen, schlafen, ohne Vibration.

11.02.1998

Fahrt nach Tahiti. Morgens sieben Uhr los. Und wir sollen mit Fullspeed fahren, um am nächsten Tag da zu sein. Und wir werden das auch schaffen. Die See ist relativ ruhig. Keine weitere Erinnerung an diesen Tag.

12.02.1998

Schönes, warmes, feuchttropisches Wetter. Ab und zu ein kleiner Regenschauer. Bei der Wärme kein Problem. Am Mittag taucht die erste kleine Insel auf. Vulkanisch. Mehetia. Ob die wohl bewohnt ist? Klar, von einigen Hula Hula Mädchen, die tanzen nur für Seeleute und führen die in freudige Versuchung, die seit vierzehn Tagen nicht wirklich Land unter den Füßen hatten. Wir albern rum auf der Brücke, Frank und Herr Eisen. Ich glaube, ich bin nicht der Einzige, der mal wieder andere Gesichter braucht. Vorfreude auf Tahiti. Zwei volle Tage und Nächte die Südseeinsel schlechthin. Was wird dort sein? Wie wird es dort sein? Ich habe so etwas noch nicht gesehen, gerochen, gespürt. Wie wird sich die Insel anfühlen? Wie sehen die Menschen dort aus? Wie leben sie? Wird es so sein, wie man es von Bildern von Gauguin kennt? Was werde ich dort tun? Ich darf nicht zu lange trotz des schönen Wetters draußen bleiben. Die Sonne brennt. Auch immer noch dort, wo ich schon braun bin, Gesicht und Unterarme. Das ist etwas, was ich immer wieder unterschätze. Viertelstunde Sonne und die Haut ist rot. Schade. Zuviel Sonne ist schädlich, zu wenig macht keinen Spaß, weil das Licht dann sofort an Glanz verliert und Regen, ja, schön warm, doch zum Aufenthalt an Deck lädt er auch nicht ein. Gemäßigtes Klima hat doch auch was für sich. Man kann aber auch wirklich über alles motzen! Zum Kaffee wieder auf der Brücke, mit Kamera und bester Laune, Tahiti ist zu sehen. Grün ist die Insel, die Berge, bis 2000 m hoch in Wolken. Der Kapitän begrüßt mich mit einer schlechten Nachricht. Wir bleiben nur 24 Stunden da. Laufen gegen 17.30 Uhr ein und sollen am anderen Tag um 23.00 Uhr auslaufen. Beste Laune verfliegt. Eines der

Ziele dieser Reise wieder nur so kurz. Sightseeing im Zeitraffer. Keine Lust drauf. Worauf habe ich mich eigentlich eingelassen? Gut, viel auf See wollte ich sein, war ich ja auch schon, besonders die letzten Wochen, oh, doch was sehen will ich auch. Und zwar Neues. Scheiße! Verdränge es erst einmal. Genieße die Vorbeifahrt an der Insel. Das Einlaufen in den Hafen. Es blinkt und glitzert, Meer und Stadt. Anlegen, stadtfertig machen, Zeit nutzen. Leider hatte ich mit Frank und Herrn Eisen ausgemacht, gemeinsam zu gehen, die brauchen, weil sie noch arbeiten müssen, länger. Warten. Ist gar nicht lange, doch es kommt mir unendlich vor. Zwischen Containern durchs Hafengebiet, an alten Schiffen vorbei, hässliche Straße entlang. Hauptstraße, unglaublich saftige Bäume, laufen im Schweiß, Fußweg gibt es nicht. Außer uns gibt es nur Jogger oder sind es Triathleten, die zu Fuß unterwegs sind. Niemand schaut links oder rechts, haben ihr Ziel verbissen vor Augen. Leuchtreklame, Nachtclubs, Bar, Disco, hässlicher Nepp. Wo essen gehen? Frank nervt, er will gleich ins erstbeste Restaurant, miese Pizzeria, weil er nicht mehr laufen kann. Null Kondition. Noch nichts von Papeete gesehen und schon einkehren? Nein. Wir können ihn überreden. Abendverkehr. Alle Geschäfte sind zu. Es ist 19.00 Uhr. Nicht wie in den USA zum Beispiel, wo viele Läden noch offen hätten. Trübe. Bis auf die Pflanzen. Geld wechseln. Profan. Aber nötig. Bankautomat. Dollarscheine rein, Pazifikfranc raus. Schon stehen zwei junge Penner neben uns und wollen was abhaben von unserem Reichtum. Dass wir

nichts für sie haben, können wir schlecht sagen, sie haben ja zugeschaut. Trauminsel. Jetzt aber einkehren, sagt Frank. Soll er doch. Herr Eisen und ich wollen noch weiter entdecken. Restaurant "Fletcher Christian" sieht sehr einladend aus. Wir gehen zu Frank und wollen ihn holen, er hat schon was zu essen bestellt, warten. Er isst auf. Wir wechseln das Lokal. Das Essen ist gut. Wenigstens was. Wir, besser ich, komme ein wenig zur Ruhe. Endlich mal was anderes essen als Plastiktütenschwarzbrot mit geschmacklosem Käse. Krabben in Curry-Kokos-Sauce. Der Fruchtcocktail frisch und kraftvoll. Doch dann fangen wir an über die Wiedervereinigung zu reden. Frank kommt aus der Ex-DDR und meine Laune sinkt wieder. Außerdem ist Tahiti so teuer, dass selbst ich bei jedem Getränk anfange darüber nachzudenken, ob es noch sein muss. Ein Bier zum Beispiel, 0,3 l kostet 6 Dollar. Wir wechseln das Lokal. Viele französische Soldaten. Nette Bedienung. Überhaupt mehr Franzosen als Tahitianer. Und mehr Männer als Frauen. An dem Abend jedenfalls. In der Kneipe große Videowand. Was läuft? Musikvideos. Tote Hosen. So hör ich von denen auch mal ein Lied. Musste ich dafür nach Papeete fahren? Wir versuchen mit dem Taxifahrer zu handeln. Keine Chance, sie haben Fixpreise. Außerdem fährt uns dann doch der zweite in der Reihe. Der muss erst seinen etwa zehnjährigen Sohn in den Kofferraum des Kombis verfrachten, bevor wir einsteigen dürfen. Der schaut uns mit großen Augen an. Sagt aber kein Wort.
Ab ins Bett. Die Laune ist immer noch nicht wirk-

lich gut. Wie machen das die Japaner? Europa in
einer Woche. Papeete in 24 Stunden. Herr Eisen
heißt jetzt Stephan und wir verabreden uns für den
nächsten Morgen wieder. Ich bin enttäuscht von
Papeete.

13.02.1998

Halb acht Schiffsfrühstück. Andrjez, der Elektriker,
bietet mir ein Stück Mango an. Er war schon um
6.00 Uhr in der Stadt, auf dem Markt. Sehr lecker,
die Mango. Gehe alleine los. Wir haben uns in der
Stadt verabredet. Fühle mich wohler. Wohl damit
abgefunden, dass es nur diesen einen Tag in Papeete gibt. Im anderen Hafenbecken sind Schiffe angekommen, kleinere, alte Frachter. Aus dem einen
werden Melonen ausgeladen. Viele Pick-Ups werden beladen, fröhliches Geplapper begleitet die
Arbeiten. Die Melonen werden beklopft, geprüft,
scheinen gut zu sein. Ein anderer Frachter wird mit
Balken und Stahlträgern beladen. Wird irgendwo
ein Haus gebaut? So sieht es aus. Viel Verkehr auf
der Hauptstraße. Das Hafenkaffee ist belebt. Arbeiter und Angestellte schlürfen ihren Frühstückscap-
puccino. Vor einem Schiffszubehörgeschäft steht
ein Mann mit Taucherbrille und Harpune. Die
Harpune wird in der Hand gewogen, angelegt,
Zielübungen durchgeführt. Hoffentlich geht sie
nicht los. In einem Baumarkt herrscht Hochbetrieb.
Es ist kurz vor halb neun morgens, ca. 30°C warm,
Luftfeuchtigkeit mindestens 90 %. Ich bin zwanzig
Minuten unterwegs, durchgeschwitzt, obwohl ich

mich langsam bewege. Was anderes wäre auch nicht möglich. Ich erreiche die Touristen- und Haupteinkaufsmeile. Geschäftiges Treiben auch hier. Völlig anderes Bild als am Vorabend. Die trüben grauen Jalousien der Geschäfte sind in ihre Unsichtbarkeit verrollt. Alles glänzt, blinkt. Frische Blumen überall. Fast jeder läuft mit einer Blüte hinterm Ohr herum. Entweder eine weiße kleine, oder eine größere Rote. Der Sinn? Mir egal. Sieht schön aus. Die Inhaber der Geschäfte scheinen alle Asiaten oder Europäer zu sein. Geld wechseln. In der Bank ist es kühl. Ein Hoch auf die Erfindung der Klimaanlage. Beim Büro de Touriste treffen Frank und Stephan ein. Zunächst telefonieren wir drei. Mit der Heimat. Angenehmes Gefühl, bekannte Stimmen zu hören. Auf geht´s zum Busbahnhof. Wir wollen zum Lagoonarium. Sehen, was eigentlich in dem vielen Wasser, das ständig unter unsrem Schiff ist, schwimmt. Wir fragen uns durch. Den richtigen Bus gefunden. Bunte Gefährte. Einfache Holzbänke. Fenster, wenn überhaupt, halbhoch. Fahrer mit freiem Oberkörper. Man bezahlt entweder vorher, wie wir, oder wenn man aussteigt oder gar nicht. Fahrscheine gibt es nicht. Alle sind zuvorkommend, auch Touristen gegenüber. Natürlich wird uns Bescheid gegeben werden, wenn wir da sind. Der Bus wird direkt vor der Tür halten, obwohl da keine Haltestelle ist. Es wird wenig gesprochen. Man sitzt eng beieinander. Wir verlassen die Stadt. Auf der einen Seite der Straße der Pazifik, auf der anderen Seite Häuser, hinter denen der Urwald beginnt und es sofort steil nach oben geht.

Die Blütenpracht in den Gärten ist überwältigend. Lagoonarium. Ein Halbsteg, 100 m in die Lagune hinein, zwei Haifischköpfe aus Gips zieren die Eingänge. Relativ einfache Drahtkörbe teilen das Wasser in vier Käfige ein. Unten große Glasscheiben, grünes Wasser. Rochen, Haie, Barsche, Muränen, die kenne ich. Alle anderen nicht. Anmutige Bewegungen. 12.00 Uhr Fütterung der Raubtiere. Wir stellen uns an die Straße, warten auf einen Bus, der kommen wird. Wann? Irgendwann. Es ist heiß. Die Temperatur erdrückt fast jeden Gedanken. War das Lagoonarium nun interessant oder nicht? Ja, schon irgendwie, aber wo ist Schatten? Wo gibt es was zu trinken? Rückfahrt. Halb zwei in der Stadt. Frank muss zurück aufs Schiff, hat Wache. Stephan und ich in ein Restaurant, Schatten, kühle Getränke. Essen. Ja. Tomatensalat ist das einzige, was die Kehle hinunter möchte. Was tun? Auf die Nachbarinsel? Die soll ja wirklich absolut wunderschön sein. Fähre fährt erst wieder in einer Stunde, bleibt höchstens eine Stunde für Moorea. Zuwenig um was zu sehen. Lieber noch ein bisschen im Schatten bleiben. Dann in die Markthalle. Obst besorgen. Und Souvenirs shoppen. Und Menschen beobachten. Ein paar Matrosen sind auch da, sie haben Tücher für ihre girlfriends gekauft. Weiter bummeln. Schön langsam. Perlen schauen gehen. Schwarze Perlen. Gibt es nur auf Tahiti. Eine wunderschöne gekauft. Am anderen Markt, direkt an der Promenade, regt sich Leben. Wegen Wochenende? Freitagabend? Nein, ein Kreuzfahrtschiff läuft ein. Die Touristen müssen unterhalten werden. Das Schiff heißt Paul Gauguin! Schlendere die Promenade entlang, hinter mir ein paar Brocken Deutsch. Ein reiches älteres Ehepaar. Sie streiten. Der Mann belehrt die Frau. Wahrscheinlich schon seit 40 Jahren. Sie schweigt. Im Café treffe ich sie wieder. Sie muss bestellen und bezahlen, nachdem er die Rechnung geprüft hat und das Geld aus seinem Portemonnaie abgezählt übergibt. Er belehrt weiter. Sie schweigt weiter. Ich wollte eigentlich ein paar Postkarten schreiben. Doch mein Hirn ist zu verschwitzt, um klare Gedanken zu fassen. Das Geld geht zur Neige, die Pazifikfrancs. Noch genug fürs Taxi behalten. Ein Tag Papeete. Viele Eindrücke. Fremde Eindrücke. Südsee. Ein Traum? Da bleiben wollen? Nein. Weder der Menschen, noch der Insel wegen. Und das Wetter? Ja, schön warm, aber die Hitze lähmt. Und es ist dort das ganze Jahr über so. Ich liebe Wärme, doch nur, wenn sie nicht lähmt. Mehr Zeit hätte ich gerne gehabt, sehr gerne. Tahiti, Perle der Südsee, auf Wiedersehen.

Samstag, 14.02.1998
Sonntag, 15.02.1998
Montag, 16.02.1998
17.02.1998 nicht erlebt!

Drei Tage ohne besondere Vorkommnisse. Mal wird die Uhr wieder verstellt, mal gibt es Safety Videos zu gucken. Ein bisschen Wäsche ist zu waschen. An Bord wird entrostet und geschmiert. Am Sonntag ist wieder Frühschoppen, alle wundern sich, auch Herr Roggenbach kann humorvoll sein.

Sonntagnachmittag gibt es wieder Schwarzwälder Kirschtorte, wie immer. Das Wetter ist Samstag und Sonntag bescheiden. Relativ hohe Wellen und Sonntag dazu den gesamten Tag Regen. Ich bin nicht einmal draußen. Montag klart es auf, das Schiff liegt ruhig. Angenehm. Am Montag begrüßt mich Frank freudestrahlend, er hat die offizielle Mitteilung bekommen, dass er zum ersten Offizier aufsteigt, Herr Linde verlässt das Schiff in Brisbane. Und wir überschreiten am Montag um 18.00 Uhr die Datumsgrenze. Das bedeutet: 17.02.98 - diesen Tag wird es in meinem Leben nie gegeben haben. Den überspringen wir. So ist es, wenn man die Grenze von Ost nach West überschreitet. Eben noch in Europa zwölf Stunden hinterher, jetzt zwölf Stunden vorneweg.

Also noch mal deutlich: bei uns 16.02. 23.59 Uhr, in Europa 17.02. 11.59 Uhr, bei uns 18.02. 0.01 Uhr in Europa 17.02. 12.01 Uhr. Also logisch gesehen ganz klar. Trotzdem merkwürdig, ein ganzer Tag ist nicht existent für mich. Hätte mir mein Horoskop für den Tag angekündigt, die Frau fürs Leben zu finden, ich müsste mein ganzes Leben lang allein bleiben. Nun ja. Hier auf dem Schiff werde ich die Frau fürs Leben nicht treffen. Und hier auf dem Pazifik, wo momentan nur Wasser zu sehen ist, auch nicht. Kein Kondensstreifen am Himmel, keine Tiere, keine Inseln am Horizont, nichts. Nur die endliche Weite des Pazifiks. Doch da, ein paar Kanabus, die Vögel, die die Tuvalus so gerne jagen. Ändert trotzdem nichts an der Weite. Und an der Müdigkeit, die mich beherrscht. Auch heute noch, am 18.02., als ich diese letzten Tage zu Papier bringe. Vielleicht hilft ja das Bad im Pool. Und tschüß. Hat geholfen, ein wenig. Was wirklich geholfen hat, war die Beobachtungsgabe des Kapitäns. Komme um kurz vor 8 abends auf die Brücke, er wollte mich schon anrufen. Das langersehnte und viel beschriebene Meeresleuchten sei zu sehen. Meeresleuchten? Kleinstlebewesen beginnen bei Gefahr zu leuchten, grün phosphoreszierend und unser Schiff ist eine Gefahr. Wir holten unsere Taschenlampen, stiefelten zur Back und hängten uns vorn über. Rundherum völlige Dunkelheit, doch dann der Blick auf den Bugsteven, als hätte er einen Heiligenschein, als würde man eine Wunderkerze grün brennen sehen. Und wenn er sich aus dem Wasser hebt und Schaumkronen erzeugt, sieht es aus, als ob man einem Weihnachtsmann grüne Lichterketten unter den Bart gehängt hätte. Träumen, phantasieren. Oh wie schön ist der Pazifik. Und als würde es noch nicht genügen, sehe ich auf dem Rückweg eine Sternschnuppe.

22.02.1998

Ich sitze in meiner Kammer und lasse die letzten
Tage Revue passieren. Der 17.02. fand zwar definitiv nicht statt, aber in meiner Erinnerung ist der
19.02. noch viel mehr verschwunden. Was mir ein-
fällt, ist das Fax, das ich Kurt zur Premiere ge-
schickt habe, und dass ich früh ins Bett gegangen
bin, um am 20. früh aufzustehen, 5.00 Uhr, denn da
ist der Lotse schon an Bord, der Nouméa - Lotse.
Nouvelle Calédonie, Neukaledonien. Wir fahren
schon durch die Lagune, absolut ruhiges Wasser.
Ich werde belohnt mit einem wunderschönen Tro-
pensonnenaufgang. Das ist das wundervolle hier:
kein Haus steht meinen Augen im Weg. Die Lichter
der Stadt blinken. Kein Dunstschleier. Meine Sinne
erwachen mit dem Tag. Feuchtsalzige Luft füllt die
Lungen. Die Armen, die ich wieder mit Zigaretten

verpeste. Wann wohl werde ich es endlich schaffen aufzuhören? Immerhin, eine Woche war ich ohne. Doch jetzt erstmal der frühe Morgen, die glatte, noch graue, aber langsam grün werdende See. Der Weg entlang an Hügeln. Die ruhigen klaren Anweisungen des Lotsen. Dieses eigentümliche, von Franzosen gesprochene Englisch. Beim Ein- und Auslaufen werde ich inzwischen auf der Brücke schon erwartet, ist für mich schon Kaffee mitgekocht. Wir umrunden den letzten Hügel zur Hafeneinfahrt. Links dampft und brodelt die Nickelindustrieanlage, da werden wir auch noch anlegen. Rechts stehen die blauen, roten, weißen und braunen Blechkisten, da legen wir an. Alle freuen sich auf vier Tage im Hafen liegen, davon einen Tag wirklich frei, den Sonntag. Selbst der Kapitän ist heiß auf Landgang. Wir überlegen, ein Auto zu mieten mit sechs Leuten und die Insel zu erkunden. Herr Roggenbach und ich werden uns in der Stadt nach Möglichkeiten und Preisen erkundigen. Nach dem Frühstück wollen wir los. Doch dann die Hiobsbotschaft: wahrscheinlich werden wir, es ist Freitag, am Samstagabend schon wieder auslaufen! Nichts mit vier Tagen ruhigen Erkundens. Nichts mit Sonntagsausflug. Wieder Stadt und Stimmung im Schnelldurchgang. Es könnte zwar noch klappen, aber sicher ist es nicht. Die Entscheidung darüber fällt erst Samstagmittag. Ich könnte laut Scheiße schreien. Dieser Hafen war immer der mit der längsten Liegezeit. Und nun? Naja, noch bestehen ja Chancen. Positiv denken.
Wir latschen los. Herr Roggenbach mit altem, lee-

rem Baumwollbeutel. Ich mit Rucksack. Es ist kurz
vor neun und schon wieder 30° C warm. Der Weg
in die Stadt, vorbei an leeren Hafenbecken, staubi-
ger Betonausfallstraße ist nicht weit, einfach zu
finden ebenfalls. Nouméa ist schachbrettartig angelegt, die Innenstadt jedenfalls. Touristeninformation erste Anlaufstelle. "Ja, Autovermietung hier,
Bootsausflüge da, Rundflüge dort, Stadtplan
100CFP, besonders schön die Insel, oder der Berg
oder der Wasserfall." Jetzt wissen wir also vieles,
können gleichwohl keine Entscheidung treffen,
weil wir nicht wissen, wie lange wir bleiben. Das ist
wirklich das Unglück einer Frachtschiffreise auf
einem Containerschiff. Es geht alles zu schnell und
es gibt keine genauen Auskünfte. Und als Passagier
ist man zwar wohlgeachtet, doch vollkommen unwichtig für die Arbeitsplanung. Steht ja im Vertrag
drin. Doch man hofft natürlich immer. Da Herr
Roggenbach sich meiner Meinung nach in der Touristeninformation mal wieder völlig daneben be-
nommen hat und ich ihm meine Meinung dazu
gegeigt habe, wir uns gestritten haben, ist meine
Laune erst mal grottenschlecht. Ich weiß, dass ich
die Zeit für mich brauche, Postkarten schreiben
möchte, ankommen möchte auf Neukaledonien auf
meine Art, darum trenne ich mich schleunigst von
dem alten Staatspenner, schlendere an Billigklamot-
tenläden, Billigimbissen vorbei in Richtung Ban-
kenviertel. Billigläden nur was die Qualität angeht,
die Preise sind wie auf Tahiti hoch. Die Banken
nehmen kräftig Tauschgebühren. Obwohl die Insel
zu Frankreich gehört, funktioniert die Euroscheck-

karte leider nicht. Probiere die Visakarte im Automaten aus, doch leider habe ich meine Geheimnummer vergessen. Oder verwechsle ich sie nur? Nur nicht zu oft die falsche Nummer eingeben, nachher ist die Karte weg, und dann? Ich plädiere für eine Einheitsweltwährung und die Abschaffung von unterschiedlichen Geheimnummern. Die Widrigkeiten des Touristenlebens! Schön ist es allerdings auf Wochenmärkte, Hauptpost und Bahnhof zu gehen, dort spürt man die Vielfalt der Menschen. Das 'normale' Leben der Stadt, dort pulsiert es. Treiben lassen zwischen Einwohnern aller Klassen. Buntheit, Vielfalt, Gerüche, Farben. Franzosen, Polynesier, Chinesen, Inder, Kanaken. Ja Kanaken, so heißen die Ureinwohner hier. Ich bin also zu den Kanaken gegangen. Viele von denen stehen am Busbahnhof rum, mit einer Dose 'Number One' in der Hand, das einheimische Bier. Ureinwohnern scheint es überall ähnlich zu gehen. Ruhiggestellt mit einem Getränk, dass sie früher nicht kannten. Nicht weit entfernt der Yachthafen. Dort dürfte Champagner geschlürft werden, und Kanaken habe ich dort keine gesehen, nicht mal zum Bootsstege fegen.

Territorialmuseum, Stadtmuseum, Kathedrale, Shoppingmeile, Stadtpark, Mittagessen mit Postkarten schreiben, wunderschöne französische Kellnerin, Nachmittagskaffee – der Tag verstreicht. Meine Kleidung klebt. Die Füße werden dicker und schmerzen. Doch was macht das schon. Das Fremde ruft mich zum Entdecken. Und doch ist vieles bekannt dank großer weltweit operierender

Konzerne. Meine Geheimnummer fällt mir wieder ein. Oder? Nein, doch nicht. Treffen mit Herrn Roggenbach, haben uns beruhigt, zwecks Überlegungen für Morgen. Können uns nicht entscheiden, weil wir ja auch nicht wissen, ob und wie lange wir noch da sind. Erkundigungen einholen wenigstens. Geht auch nicht mehr, die entsprechenden Geschäfte haben geschlossen. Außerdem ist es heiß. Trinken. Er hat keine deutsche Zeitung bekommen. Ich zeige ihm ein Geschäft, wo es "Spiegel" und "Stern" gibt. Beide eine Woche alt. Er kauft sie. Beide kosten ca. 20 DM, Stück! Wahnsinn. Er geht zurück zum Schiff. Ich laufe noch weiter. Dann ist es in Deutschland spät genug, um zu fragen, wie die Theaterpremiere von "Endspiel" gelaufen ist. "Erfolg", höre ich aus der Leitung. Das tut gut. Sowohl der Erfolg, als auch die Stimme eines sehr guten Freundes zu hören. Vor dem Hafengelände streiten sich einige Bordsteinschwalben herum. Sie könnten eine Versuchung sein, wenn sie tatsächlich das wären, was sie vorgeben zu sein. Doch es sind alles Männer. Seltsam. Die Matrosen, die ich treffe, die auf dem Weg in die Stadt sind, sind ebenso irritiert wie ich. Nun gut. In der Offiziersmesse sitzen der Kapitän und Herr Roggenbach. Immer noch ist unklar, wann wir auslaufen. Ein Bier, zwei Bier, tratschen, quatschen, die Augen fallen zu, ab unter die Dusche und ins Bett. Leider allein.

24.02.1998

Vor Auckland vor Anker. Windstärke 8. Doch zunächst zurück nach Nouméa. Am Samstagmorgen, den 21. wird das Schiff nach Doniambo verholt. Das ist einfach auf der anderen Seite des Hafenbeckens, bei einem riesigen Nickelwerk. Trotzdem Lotse an Bord, Schlepper vorn usw. Doch ich gehe vorher von Bord, wegen des kürzeren Weges in die Stadt. So bekomme ich die seltene Gelegenheit, dieses ganze Ablegemanöver mal von Land zu filmen. Morgens um 6.00 Uhr, Herr Roggenbach ist mit mir. Wir wollen irgendwas unternehmen, denn es wird wohl dabei bleiben, dass wir nur noch diesen Tag in dieser Stadt sind. Alle anderen müssen selbstverständlich arbeiten, dafür sind sie ja an Bord. Also in die Stadt, die erwachende. Wir gehen zum Stadtpark, dort öffnet gerade ein Kiosk mit kleinem Garten am Goldfischteich seine Kaffeeschleuse. Und es gibt ein Telefon. Unser Lieblingsausflug, mit Flugzeug auf die angeblich schönste Insel, die Ile de Pins, ist ausgebucht. Bei der Firma, die Helikopterrundflüge anbietet, läuft nur der Anrufbeantworter. Mein Französisch ist leider nicht gut genug, um die Ansage darauf zu verstehen. Auto mieten möchte ich nicht. Herr Roggenbach hat keinen Führerschein und wir müssten das Auto bereits um 11.30 Uhr wieder abgeben, dann machen die nämlich Wochenende. Also zum Yachthafen runter. Schiffsausflug auf eine kleinere Insel mit Schnorcheln und Mittagessen. Vier Boote fahren mit jeweils ca. 40 Plätzen. "Nein, tut uns leid, da hätten Sie vorher buchen müssen, wir sind komplett ausgebucht", ist die Antwort auf unsere Frage nach einem Ticket. Helikopterrundflug immer noch Anrufbeantworter. Weiter am Hafen entlang zu einer Firma, die kleinere Boote inklusive Skipper vermieten. "Nein, heute ist leider kein Boot mehr frei, aber morgen noch." Es ist inzwischen viertel vor neun, wir sind komplett das erste Mal durchgeschwitzt und leicht frustriert. Wenigstens sind die frischen Croissants, die wir jetzt zu uns nehmen, ausgesprochen lecker. Wochenende in Nouméa, alle sind unterwegs. Nichts gegen Spontaneität, doch manchmal wäre es ganz gut zu wissen, wann man wie viel Zeit hat. Zurück in die Stadt, Geld tauschen, ja, eine Bank hat auch am Samstag geöffnet. Meine Geheimzahl fällt mir wieder ein, hurra. Und ich grüble über die Telefonnummer auf dem Anrufbeantworter nach, schaue ins Prospekt und probiere eine andere Nummer aus. Und tatsächlich, es ist jemand da. "Ja, wir könnten einen Rundflug machen. Ja, wann immer wir wollen, es sei im Moment niemand anderes da!" Wir setzen uns sofort in ein Taxi und fahren zum Flughafen. Durch all die anderen Absagen komme ich zu einem der eindrucksvollsten Erlebnisse dieser Reise. Die Absagen haben sich als Glücksfall herausgestellt. Man erwartet uns bereits. Ein vertrauenerweckender Mittfünfziger im Pilotenhemd mit Schulterklappen begrüßt uns und geleitet uns durch die Halle aufs Flugfeld zu einem Hubschrauber. Ich lade die Kamera, steige ein, der Rotor beginnt sich zu drehen und ab geht's. Eine halbe Stunde über klarstes

Wasser, Korallenriffe, Eilande, vorbei an einem Schiffswrack, über die Hügel der Stadt zurück. Traumhaft. Kribbeln im Bauch und Freude, wie ein kleines Kind zu Weihnachten. Danke dem Piloten. Danach über die Hügel der Stadt zum Aquarium, das anschauen, wo wir gerade drüber geflogen sind. So viel Sonne erzeugt Farbenvielfalt, unmöglich für unsere Breitengrade. Linienbusfahrt entlang der stadteigenen Strände. Mittagessen, zurück aufs Schiff. Mittagsschlaf, Eindrücke verarbeiten. Duschen! Mit Stephan zum Strand. Badeurlaub für zwei Stunden, inklusive Sonnenuntergang. Beginnendes Saturday Night Fever in Nouméa. Halb zehn sind wir auf dem Schiff. Man wartet schon auf die Landgänger. Alles auf dem Schiff ist abfahrbereit. Wir sind nicht die letzten. Drei Matrosen fehlen. 22.00 Uhr war angesetzt als letzter Zeitpunkt des Zurückkommens. Normalerweise wird es später, doch heute ist der Lotse schon an Bord. Der erste Offizier und vor allem der Kapitän sind nervös. Wo sind die Leute? Die Spannung steigt. Gerade Besatzungsmitglieder sollten eine Viertelstunde vorher da sein. So habe ich den Kapitän noch nie gesehen. Tigert hin und her. Entscheidungen treffen. Abfahren und die Leute hier lassen? Warten? Fünf nach zehn, bei jedem Auto wird erhofft, dass es die Jungs sind. Der Lotse hat Zeit, er kennt das selber, sagt er, aus seiner Zeit als Kapitän. Bis wann wartet man? Jede Minute kostet Geld. Zehn nach zehn. Sie kommen. Betrunken fallen sie aus einem Auto. Der letzte ist an Bord und schon sind wir weg vom Pier. Für den nächsten Morgen werden die drei zum Kapitän vorgeladen. Standpauke. Ich fliege mit dem Hubschrauber ins Bett.

Sonntag auf dem Pazifik. Inzwischen wohlbekannte Abläufe. Einzig, es gibt anstatt Schwarzwälder Kirschtorte Marmorkuchen.

Montag, der 23., ich will den Tag eigentlich nur verdaddeln, nichts tun, doch plötzlich entdecke ich zwei der Jungs in den Drahtseilen des Kranaushängers und diese schmieren. Ich filme insgesamt vier Stunden, hole mir den nächsten Sonnenbrand. Abends führe ich ihnen den Flug und ihre Arbeit auf Video vor, damit sie sehen, was ich den ganzen Tag mit der Kamera mache. Sie sind begeistert.

Als wir heute Morgen geankert haben in Auckland, fangen die Jungs an zu fischen und zeigen mir stolz die Beute. Jetzt muss ich erst recht filmen. Ich habe ihnen nämlich eine Kassette der ganzen Reise versprochen. In Auckland ist der Strom ausgefallen. Und wir sollen übermorgen gegen Abend in den Hafen der Stadt einfahren. Schauen wir mal. Den ganzen Tag über mit Pausen wird gefischt, trotz Regenschauer und etwas kühleren Temperaturen. Red Snapper und Makrelen heißen die Fische. Sie werden an kleinen Haken an dünnen Plastikleinen an Bord gezogen. Leine ins Wasser und manchmal die Leine sofort wieder raus und Fisch hängt dran. Zu Mittag gibt es Red Snapper, leckeres ganz weißes Fleisch, wenn auch etwas zu trocken. Mein Traum fällt mir ein, ein déjà vu, Fische, Angeln, schwarze Menschen wie Bruce, dahinter Wüste, blaues Deck. Am Abend angle ich selber, sieben Makrelen trage ich zum blutigen Geschäft bei.

25.02.1998

Ich werde sprachloser. Ich mag nicht mehr schreiben, wie ich es schon tat. Nur noch Stichworte fallen mir ein, die ich loswerden möchte. Am Morgen kommt das o.k., dass wir das Rettungsboot aussetzen dürfen. Nur wegen mir gehen Herr Linde, Stephan und eben ich in das kleine Boot und fahren bei relativ rauer See zweimal ums Schiff herum, damit ich filmen kann. Am Nachmittag führe ich mit Herrn Kossak das Interview, das schon lange geplant war. Und er gibt bereitwillig Auskunft über den Beruf und die Seefahrt. Ich genieße es, vor Anker zu liegen. Keine Fahrerei, sondern einfach nur stehen und ausruhen. Lesen und sitzen. Fertig. Kurz vor Sonnenuntergang beim Fischen zusehen und einen Hammerhai entdeckt.

26.02.1998

Ich schlafe viel und ich bin mir ziemlich sicher, in Singapur von Bord zu gehen. Zu viele Eindrücke einerseits, zu langweilig andererseits. Seltsame Diskrepanz, aber wahr. Die unendliche Weite des Pazifiks hat mich melancholisch gestimmt. Was will ich hier am anderen Ende der Welt? Nur auf meine Brust heften, mal eine Reise um die Welt gemacht zu haben? Mir fehlen meine Freunde. Mir fehlt vor allem weibliche Energie. Seit sieben Wochen habe ich niemanden mehr in den Arm genommen, oder jemand mich. Ich möchte nicht auf den Arm, sondern in Arme. Weibliche Gerüche, Geschmäcker,

Berührungen. Wenn es eines Beweises bedurft hätte, jetzt weiß ich, ich bin nicht schwul.

Kurz vor Mittag kommt Leben in die Bude. Der Lotse kommt bald, wir fahren hinein in den Hafen von Auckland. Vorbei an Hügeln und Yachten, Motorboote mit Anglern und Fähren, direkt auf die Skyline zu. Der Kapitän und der Lotse manövrieren uns in ein Hafenbecken, das für das Schiff gebaut zu sein scheint. Vorne und an Backbord kaum Platz. Gehe auf die Kammer, bereite mich auf den Landgang vor. Wie lange er wohl diesmal sein wird? Ich frage schon gar nicht mehr vorher. Wenn wir im Hafen sind und der Agent an Bord kommt, ist sowieso wieder alles anders, als vorher angekündigt. Es ist etwa 14.00 Uhr. Schönes Landgangwetter. Sonne, ab und zu kleine Wolken, etwa 22°C. Gehe runter, auf der Tafel steht: Shore leave expire 22.30 Uhr. Also immerhin 8 Stunden für Auckland. Mein Neuseeland. Kurz danach dürfen wir an Land. Sind einklariert. Direkter Weg in die Innenstadt, etwa zehn Minuten Fußweg. Ideale Bedingungen. Queen Street heißt die Hauptmeile. Tatsächlich Stromausfall. Die Banken haben geschlossen. Alle. Also kein Geldtausch möglich. Viele andere kleine Geschäfte haben geschlossen. Andere, die geöffnet haben, sind mit Kerzen beleuchtet, oder die meisten haben einen kleinen Generator (warum nur steht an den meisten silent generator?) vor der Tür stehen, der einen Höllenlärm macht. Und alle geöffneten Geschäfte haben ein Schild vor der Tür: yes, we´re open oder yes, we have power und black out sale, von 5-50 % Preisnachlass wird gewährt. Auch ein

paar Kunden laufen herum, mehr als ich gedacht
hätte und doch wohl weniger als normal. Die
Stimmung ist merkwürdig. Manche haben Galgen-
humor, nehmen es eher locker auf, andere schauen
mit düsterer Miene drein, vor den Banken private
Sicherheitskräfte. Im Stadtteil Parnell soll es Strom
geben. Also laufe ich dort hin, soll eh schöner sein.
Klar, die Queen Street ist wie jede Einkaufsmeile
der Welt. Ich schlendere Richtung Parnell, am
Kunstmuseum vorbei, geschlossen, durch den Al-
bert Park, wundervolle uralte Bäume mit riesigen
Wurzeln, ich rieche frisch gemähtes Gras. Das
mich dieser Duft jemals dazu verführen würde,
mich einfach drauf zu legen und zu schnüffeln,
hätte ich auch nicht gedacht. Aber frisches Gras ist
auf dem Pazifik so selten, wie Haifische im heimat-
lichen Badeteich. Frage mich weiter durch und
überwinde etwa sieben Hügel bis ich in Parnell bin.
Auckland ist auf sechzig Hügeln erbaut. Deshalb
geht auch wohl niemand außer mir zu Fuß. Die
Parnell Road führt hügelaufwärts, im Rücken Blick
auf den Hafen. Ja, hier haben alle Strom, auch die
Banken sind geöffnet, jetzt kann ich mir in einem
dieser kleinen Cafés einen Cappuccino leisten, es
wird der beste meines Lebens, der Orangenkuchen
dazu ist dagegen auf der anderen Seite der Ge-
schmacksskala zu finden. Bummle vorbei an
Schmuck-, Klamotten-, Designerläden, wirkt europäisch neureich hier. Dann ins Museum. Ein Klotz
von Bau, mit riesigen Säulen davor. War Memorial
Museum. 17.00 Uhr, Museum schließt, treffe Herrn
Roggenbach. Er war in der Abteilung erster Welt-

krieg, zweiter Weltkrieg und faselt irgendwas von einem Museum in London, auch doll, und auch eine V2 Rakete sei da, und wenn wir die ein halbes Jahr früher gehabt hätten, hätten wir die Invasion 44 verhindern können. So viel zu den politischen Ansichten dieses Mannes. Ich war in der Maori-Abteilung. Schnell verabschieden wir uns in entgegengesetzte Richtungen. Ich shoppe, doch leider schließen die Geschäfte schon um 17.30 Uhr, außer den kleinen und großen Supermärkten. Dass ein großer Supermarkt so eine Anziehungskraft haben kann? Restaurantsuche. Italienisch. Lecker. Wein zum Essen. Zwei Gläser. Irrsinnig schönes Licht durch die Wolkenkratzer. Nochmal Queen Street. Lass mich auf dem obersten Hügel absetzen und laufe langsam die Straße Richtung Hafen. Habe noch etwa sieben NZL Dollar in der Tasche. Asiatische Souvenirläden sind noch auf, haben auch Strom. Kurz vorm Hafen, Amüsierviertel, wo sonst. Straße so lang wie die Herbertstraße in Hamburg. Dort drei Bars, zwei Stripteaselokale, zwei Sexshops und zwei stinknormale Kneipen. In einer trinke ich ein Steinlager, neuseeländisches Bier. Bleiben drei Dollar zwanzig übrig. Fast am Hafengelände.
"Mao Bar". Klein, offen und die Frau hinterm Tresen einladend. Der einzige Gast bin ich. Frage, was ich bekomme für mein Geld. Ein Bier. Wunderbar. Es wird die netteste Stunde seit langer Zeit. Kirsten heißt sie. Trotz des Namens Neuseeländerin, mit amerikanischen Eltern. Zwar keine Umarmung, geschweige denn Gerüche, aber endlich weibliche

Energie. Ach ist flirten schön! Dann muss ich zum Schiff. Dort erfahre ich, dass wir erst um 4.00 Uhr auslaufen werden. Bringe meine Sachen auf die Kammer, leihe mir von Frank 20 Dollar und gehe wieder zu Kirsten. Nur wenig mehr Gäste. Vor der Tür trinken drei Betrunkene ihr Bier. Der Manager kommt und schickt sie freundlich weg. Soweit ich das beurteilen kann. Sie gehen. Kurz danach fliegt eine Bierflasche, voll, hinter meinem Kopf vorbei gegen den Nachbarstuhl. Niemandem etwas passiert, aber die Trunkenheit und Armut, von der Kirsten erzählt hat, zeigt eines ihrer Gesichter. Sie soll nun nach oben in den Teil der Bar, wo Billard gespielt wird. Ich ziehe mit um. Bis zwei Uhr, dann bin ich betrunken und müde und leider ist die Bar so voll geworden, dass Kirsten nur noch arbeiten muss. Ich hätte mir das Gegenteil gewünscht. Aber auch so wanke ich glücklich aufs Schiff. Ach ja, ich wiederhole es gern, ist flirten schön! Seufz! Das war Auckland.

27.02.1998

Mit nettem Kater erwacht. Brauche frische Luft. Wir fahren natürlich schon wieder. Links bleibt den ganzen Tag Neuseeland in Sichtweite. Das Wasser ist so still, spiegelglatt wie noch nie. Ich verbringe den Tag vorne. Mit der Kamera. Sehe: fliegende Fische, eine Meeresschildkröte, Haie, knallblaue Fische, Quallen, und als besonderes Schmankerl eine Herde Delphine. So macht das Seefahren wieder Spaß. Den blauen Marlin hab ich ganz verges-

sen. Abends Video vorführen. Lesen. Schlafen. Die
Augen sich erholen lassen, sind vom stundenlangen
schauen und Fahrtwind arg gerötet.

28.02.1998

Auf See. Wo sonst. Eher Alltagsfahrt. Morgens so
früh wie noch nie auf der Back. Mit der Sonne im
Rücken. Doch keine Delphine, keine fliegenden
Fische, keine Tiere. Nur Wasser. Und frische Luft.
Salzig, sonst rieche ich nichts. Außer auf dem Weg
nach vorne. Wir haben in Auckland 10 Container
mit Zwiebeln geladen und wenn man dran vorbei
läuft, dann… Den ganzen Nachmittag am Swimmingpool im Schatten lesen. Habe mich durch das
Buch ins Hamburg des achtzehnten Jahrhunderts
versetzen lassen. (Tod im Zollhaus, Petra Oelker).
Sonnenuntergang auf der Back mit Frank und Stephan. Letzterer fängt an sehr traurig zu werden, er
verlässt das Schiff in Brisbane. Vom gestrigen
Fahrtwind und heutigem Lesen sind meine Augen
so gerötet, dass ich sie kaum noch offen halten
kann. So schön schönes Wetter ist, doch in diesen
Breitengraden hat die Sonne eine ungeahnte Kraft.

01.03.1998

Nachdem ich gestern Abend um neun Uhr auf dem
Sofa eingeschlafen und in der Nacht nur kurz ins
Bett gewechselt bin, wache ich heute nach elf Stunden Schlaf auf, stehe vor dem Spiegel und entdecke
einen dicken, fetten Sonnenbrand auf Brust und

Bauch. Woher? Entweder geht die Sonne auch durch Kleidung und verbrennt die Haut oder man wird auch im Schatten rot. Keine Erklärung dafür, doch jetzt weiß ich, warum ich gestern so fertig war. Den Augen geht es etwas besser. Es war die letzten Tage etwas kühler, nur 22 °C, heute, am Sonntag, ist es wieder 27°C warm und die Klimaanlage scheint nicht so gut zu funktionieren, jedenfalls ist den ganzen Tag schwitzen angesagt.

Soll ich weiterfahren, oder nicht. Über Singapur hinaus? Wer weiß, wann ich das nächste Mal so einen Trip machen will und kann! Ich werde mich bald entscheiden. Ansonsten wäre in drei Wochen Schluss mit der Tour. Der Steward bringt zum Kaffee, nein, keine Schwarzwälder Kirschtorte sondern selbstgebackene Donuts. Ja, das ist schon Abwechslung. Angenehme. Ich bekomme wirklich Lust, die Welt ganz zu umkreisen auf dem Schiff. Und daraus einen Film zu machen. Eine Dokumentation. Material, rein quantitativ, habe ich genug. Den Aufbau finden. Habe mir von der gesamten Crew schon mal bestätigen lassen, dass alle mit ihrer Veröffentlichung einverstanden sind. Kapitän Kossak hat den Schrieb dafür aufgesetzt. Der hat richtig Lust dazu. We will see. Abendliche Stimmung auf See. Nach wie vor kaum zu beschreiben. Die Sternenhimmel faszinieren. Der Orion mehr als das Kreuz des Südens. Und die Milchstraße und die grünen Punkte im Wasser und und und ….

02.03.1998

5.30 Uhr, wir laufen bei Sonnenaufgang in Brisbane ein. Das heißt, die Stadt ist weit weg, nur Containerterminal. Doch auf der anderen Seite der Anlagen ein Mangrovenwald, davor Fischerboote, von unzähligen Möwen verfolgt, dahinter ein Flughafen. Ein Schiff der Wilhelmsen Line Norwegen liegt auch da, war schon in Auckland vor uns. An Land gehen? Keine Lust allein. Und auch nicht mit Herrn Roggenbach allein. Doch der Kapitän wollte ja eventuell. Und tatsächlich. Um kurz nach 9.00 Uhr klingelt mein Telefon. Er, der Chiefingenieur Herr Menzel und Herr Roggenbach wollen. Da fahre ich mit. Vier Männer in einem Taxi. Orange sind sie hier. Wie schon in Auckland tragen die Fahrer Uniformen. Brisbane: Großstadt westlichen Charakters, man könnte genauso gut in Europa oder den USA sein. Die Fußgängerzone wie überall. Unglaublich gepflegt. Sauber alles. Ein bisschen zu sauber, finde ich. Und nur Weiße. Fast. Einige asiatische Menschen, viele junge Leute, viele Banker oder Versicherungsmenschen, typische Businessmen. Kein einziger Aborigine oder Schwarzer. Zum Museum, zusammen mit Theater, Oper und Kunstgalerie ein Neubau. "Crazy for you" hat morgen Premiere. Kleinigkeit essen, bisschen shoppen und schon wieder ist es an der Zeit, zurück zum Schiff zu fahren. Doch einen Aborigine habe ich noch gesehen, Didgeridoo spielend in der Fußgängerzone. Beglotzt, inklusive wir, wie im Zoo. Auf der Rückfahrt die Idee von Herrn Menzel, warum fahre ich nicht von Brisbane nach Sydney mit dem Zug? Gute Idee. Könnte mit Herrn Linde und Stephan in deren Hotel und dann morgen oder so rüber fahren. Die verlassen das Schiff nämlich gleich. Herr Kossak klärt. Es geht leider nicht. Aus zoll- und kostentechnischen Gründen. Hätte ich die Idee schon heute Morgen gehabt, oder Herr Menzel, wäre es gegangen. Von Sydney nach Melbourne so reisen? Versuchen.

03.03.1998

Auf See, immer die Küste entlang. Bleibt den ganzen Tag zu sehen. Nur selten kleine Städte oder Dörfer. Meist wenig bewohnt. Das Wasser ist bewohnt von vielen Delphinen. Bin unglaublich guter Stimmung, hauptsächlich der Delphine wegen. Sie zeigen mir Lebenslust und Freude, hüpfen, bewegen sich, geschmeidig, fast bewegungslos, alles läuft ohne Kraftanstrengung. Andrjez, der Elektriker, freut sich da vorne mit mir. Ansonsten bin ich da fast den ganzen Tag allein. Wie schön.

04.03.1998

Botany Bay und leider nicht Darling Harbour. Wieder weit draußen. Dabei wäre Darling Harbour direkt an der Innenstadt von Sydney. An der Harbour Bridge. Nun ja, es soll nicht sein. Und wir werden in Sydney nur 24 Stunden liegen. Doch es sieht so aus, dass es mit meiner Zugfahrt klappt. Also warte ich auf den Zoll. Ich soll anwesend sein, wenn die kommen. Eigentlich um 8.00 Uhr früh. Inzwischen ist es schon halb zehn und kein Zöllner zu sehen. Ich packe meine Stadtwandertasche. Was bin ich froh, einen Rucksack für die Kamera zu haben, der u groß genug ist für die Fotokamera und noch ein paar andere Kleinigkeiten. Rucksack für die eventuelle Reise ist ebenfalls schon gepackt. Wer weiß, wann das Schiff ablegt, vielleicht muss ich eine Nacht im Hotel verbringen, falls das Schiff schon abends ablegt. Gegen zehn Kaffee trinken. Der Kapitän ruft nochmals an, ob ich wirklich da sein muss für den Zoll. Nein. Also lasse ich mich vom Terminalshuttleservice zum Tor bringen und wir laufen erst am nächsten Morgen gegen sechs Uhr aus, das heißt, ich kann auf dem Schiff schlafen. Gut. Am Tor warten auf den Bus der Seemannsmission, der bringt die Seeleute umsonst in die Stadt und zurück. Mit mir warten zwei Chinesen. Es ist heiß. Staubig. Der Bus hat noch eine halbe Stunde Verspätung. Egal. Flughafen und Hafen auch hier in unmittelbarer Nachbarschaft. Vorstädte auch hier flach und straßendorfmäßig. Mehr als eine halbe Stunde Fahrt. Dann sind wir in der Innenstadt, am Rand der Innenstadt. Die Städte hier sind flächenmäßig riesig. Sie haben Platz zu bauen. Können alles einstöckig halten, außer in den Innenstädten, dort stehen Wolkenkratzer. Die Zeichen der Firmen oben drauf sind fast alle von bekannten Firmen. Außer den lokalen Banken oder Versicherungen kenne ich alle. Der Fahrer des Busses hat auch eine Uniform an. So merkwürdig blau, wie Kacheln aus den sechziger Jahren. Und Männer in Uniformen, die kurze Hosen tragen, sehen irgendwie kindlich aus. Wie zu große Pfadfinder. In der Seemannsmission: Kirche, Telefon, Toilette, Aufenthaltsraum mit Billard, Fernseher, Zeitungen, Zeitschriften, Bücher, Getränkeautomat und Minishop mit Andenken, Schokolade, Seife, auch das alles hat den Charme der sechziger Jahre. Ein bisschen muffig. Doch ist es klasse, dass es so etwas gibt. Als Treffpunkt, Begegnungsstätte. Meine Stadtwanderschaft beginnt. Die Stadt wirkt reich. Und lebendig. In einer Fußgängerzone ist eine Freilichtbühne, mitten in der Woche spielt eine Band in der Mittagspause. Viele Zuschauer mit ihrem Mittagessen sehen und hören zu. Am Wasser. Fährhafen. Die Oper. Ein wirklich beeindruckender Bau. Leider liegen wir mit unserem Schiff nicht hier im Hafen. Direkt neben dem beeindruckenden Maritime Museum oder Aquarium. Anruf bei Herrn Kossak, es ist alles klar, ich kann mit dem Zug fahren, wie schön. Ich buche. Es gibt nämlich nur einen Tag- und einen Nachtzug nach Melbourne und nur mit Buchung, einfach so einsteigen ist nicht. "Ob ich denn in Melbourne schon ein Hotelzimmer habe?" fragt mich die Frau im Reisebüro. Nein. Na dann wäre es schwierig für mich, denn es ist Grand Prix Wochenende und alle Hotels ausgebucht. "Ich wohne bei Bekannten, daher kein Problem!" "Gut für Sie!" Grand Prix, Formel 1, sehe ich ja sonst gerne, in Deutschland und jetzt komme ich ganz nah dran. Könnte ich mir ja anschauen. Mal sehen. Die Landzivilisation hat mich wieder. Im Museum, es wird viel umgebaut. Yves Klein Ausstellung. Monochromes Blau. Fensterbilder, Körpermalerei mit nackten Frauen. Anfang der sechziger Jahre gemalt, muss damals ein Skandal gewesen sein. Fotografieren verboten. Ich mache trotzdem ein Foto, heimlich aus der Hüfte. Wird mit Unschärfe bestraft. Ein Nachbau der "Bounty" im Hafen. Kann gemietet werden. Ist für den Film gebaut worden, die Mel Gibson Fassung. Aha.

"Entschuldigung, kennen wir sie nicht aus
Deutschland, aus dem Fernsehen?" "Kann sein!"
"Ja genau, Herr Schmollke." "Ja." Das mich erken-
nende Ehepaar kommt aus Köln. Sind vier Wochen
in Australien unterwegs. Ein Gewitter kommt auf.
Die richtige Zeit, um etwas zu essen und Postkarten zu schreiben. Die Australier machen es ja genauso wie die Amerikaner, man wartet, bis man an
den Platz gebracht wird. Die Küche ist europäisch
gemischt. Hat was von italienisch, französisch, grie-
chisch, deutsch. Liegt mir. Und sie haben sehr le-
ckeren Kaffee. Und sie haben viele Bedienungen,
geht alles sehr schnell und sehr freundlich. Dienst-
leistung at its best. Auch wie in Amerika haben
manche Geschäfte sehr lange geöffnet, besonders
Lebensmittelläden, wie schön. Wasser, Sonne, wie
schön können Städte sein, wenn sie beides haben.
Und wenn der Reichtum auch in Kultur angelegt
wird. Ein Leben als Tourist hat doch seine positi-
ven Seiten. Bin nur mal gespannt, wie es mir gehen
wird, wenn ich all meine Kontoauszüge drucken
lasse. Einkaufen mit Kreditkarte ist bequem, doch
später…? Die Olympiade ist übrigens allgegenwär-
tig. Sowohl in den Andenkenläden wie auch im
Stadtbild. Sieht fast so aus, als wäre sie schon dieses
Jahr, doch sie ist erst in zweieinhalb Jahren, trotzdem. Man spürt aber auch, wie sich die meisten
darauf freuen und wie stolz sie darauf sind, in diesem sportbegeisterten Land. Bis aufs Sitzen und
Postkarten schreiben bin ich wieder acht Stunden
gelaufen, habe geschnuppert hier und da, natürlich
wieder "nur" in der Stadt. Das Land oder zumin-

dest einen kleinen Teil davon werde ich wohl tatsächlich morgen sehen, auf dem Weg nach Melbourne. In der Seemannsmission ist viel los, unter anderem sind da auch einige unserer Tuvalus. Lesend, Tischtennis und Billard spielend. Schön, Menschen in einer fremden Stadt zu treffen, die sich freuen und über die ich mich freue. Den Bus habe ich gerade verpasst, der nächste fährt erst in knapp zwei Stunden, das ist mir zu lang zu warten. Taxi. Leider kennt sich der Fahrer im Hafengebiet nicht aus. Ich auch nicht, aber besser als er. Wenn er doch nur mal auf mich hören würde. Genervt. Fremdes Land, fremde Stadt, riesige unattraktive Hafenanlagen, müde vom Laufen, durchgeschwitzt, eigentlich voll mit wunderbaren Eindrücken, doch ein Taxifahrer, der sich nicht auskennt, ist in diesem Fall ein Grund, genervt zu sein. Wenigsten stellt er die Uhr aus, weil er merkt, dass er sich verfahren hat. So gegen elf falle ich ins Bett. Oder war es zwölf? Habe oben noch darum gebeten, mich zu wecken, eine Stunde bevor wir ablegen. Egal, schlafen kann ich auch später noch. Wenn ich wieder an Bord bin. Später. Zwischen Melbourne und Djakarta. Dann sind acht Tage nur Wasser angesagt.

05. und 06.03.1998

Mitten in der Nacht, also kurz nach vier, klingelt mein Telefon. Aus dem Schlaf gerissen renne ich hin, stoße mir die Hand am Türrahmen. Alles ist hier aus Stahl, nichts weiches oder fließendes. Alles hart. Der zweite Offizier weckt mich. Der neue

Zweite, Carsten Weise oder Wiese. Der Lotse soll um 5.00 Uhr kommen. Wie machen das nur die Seeleute, die oft mit so wenig Schlaf auskommen müssen? Die im Höchstfall von Wache zu Wache 8 Stunden Zeit zum Ausruhen oder Schlafen haben? Kurz vor fünf sitze ich bei Herrn Kossak im Büro, er gibt mir meinen Pass und die drei Formulare, die der Zoll ausgefüllt hat. Ich bin ein kontrollierter Deserteur, weil ich das Schiff verlasse. Selbst die Zöllner mussten in ihren Unterlagen wälzen, so etwas wie mein Fall, ein Seemann reist nicht auf dem Schiff, sondern durch das Land von einem Ort zum anderen, haben selbst sie selten. Fragen nach meiner Person, welche Position an Bord, wieso ich nicht gebraucht werde auf dem Schiff, was ich an Land will, ob ich nicht doch eventuell jetzt einreise. Alles kompliziert. Als Passagier kann ich nicht deklariert werden, ist noch komplizierter. Also ich bin Angestellter der Reederei und habe die Reise gewonnen, meine Position, ein supernumery, ein überzähliges Besatzungsmitglied. Nun gut. Der Lotse kommt doch wohl erst um sechs und außerdem wird noch auf den Gemüsehändler gewartet. Der kommt um kurz nach fünf. Die Wachleute, der Messman, der Steward sind da. Frisches Gemüse im Dunkeln um kurz nach fünf. Der Kapitän hat die gute Idee, der Gemüsehändler könnte mich doch in die Stadt mitnehmen. Macht er auch. Nachdem wir zwischen den Containern herumgeirrt sind, finden wir den Ausgang. Und er fährt mich bis zum Bahnhof, obwohl seine Firma auf halbem Weg liegt.

"Erfährt der Boss ja nicht", meint der Fahrer. Auf dem Weg in die Stadt begegnet uns um halb sechs Uhr morgens eine Fahrradkolonne. Radrennfahrer tauchen aus dem Dunkel auf, etwa fünfzig. Strange. Der Fahrer möchte wissen, wie viel in Deutschland ein Haus kostet. In Sydney würde gerade alles sehr teuer werden, die Olympiade! Und die Straße, die wir jetzt führen, würde eine Stunde später völlig überlastet sein, wir brauchen zwanzig Minuten, dann würde man mindestens eine Stunde brauchen und die würde auch zum Olympiagelände führen. "There will be a shammassel you´ve never seen before" slangt er vor sich hin. Und Arbeit gibt es zwar in Australien, doch viele würden lieber mit Arbeitslosengeld zuhause hocken, wäre auch nicht viel weniger, aber bequemer. Manche Probleme scheinen global zu sein.

Sechs Uhr am Bahnhof. Der Zug geht um acht. Die ersten Läden öffnen. Noch relativ wenig Betrieb. Am Bahnhof starten auch die Überlandbusse. Dort ist schon mehr Betrieb. Rucksacktouristen in der Hauptsache. Ha, bin ich nicht auch einer? Meiner ist nur ein bisschen kleiner und ich bin nicht aufs Zelt angewiesen. Wie gut. Hätte ich in Australien auch keine Lust zu. Staubig, heiß und nicht zu vergessen, es gibt in diesem Land reichlich giftige Tiere, sowohl zu Lande als auch zu Wasser. Nicht in den Städten, klar, aber ein Spaziergang draußen kann schon gefährlich werden. Na gut, in der Wüste. Im Outback. In der Wildnis. Da bin ich nicht und will auch gar nicht dahin. Frühstück mit Kaffee und Croissant, noch warm. Zwischen hübschen

Rucksackerinnen. Was will ich noch mehr? Der Bahnhof belebt sich. Eine japanische Reisegruppe wuselt. Die ersten Vorortzüge spucken Unmengen von Menschen aus. Und wenn auch wenige, so tauchen doch die ersten gestrandeten Menschen auf. Nicht mit dem Hamburger Bahnhof zu vergleichen, aber es gibt sie also doch auch hier. Der Zug fährt vor. Gepäck wird eingeladen. Die Raucher rauchen noch solange es geht. Auch ich. Es ist ein kompletter Nichtraucherzug. Wir zuckeln los. Die erste Ansage dauert ca. fünf Minuten. Dabei geht es ums Rauchen. Absolut verboten. Wer erwischt wird fliegt raus. Auch auf der Toilette ist es verboten. Und wer an den Haltestellen aussteigt um zu rauchen, auf den wird nicht gewartet. Es gibt nur einen Tageszug. In den Augen der starken Raucher steht Panik. Die Vorstädte sind genauso besprayt wie in Europa. Es dauert lange, bis wir die Stadt verlassen und so was wie Land auftaucht. In der ersten kleinen Stadt, neben dem Bahnhof ein Gebäude: German-Austria Club steht dran. Ein paar Meter weiter: Ukrainian Club. Der Zug fährt an, dann sehe ich Orange. Buddhist Center. Daneben ein Mönch. Er scheint irgendwelche Morgenübungen zu machen. Weg sind wir. Land. Rindviecher und Schafe. Doch was fressen die? Gras kann ich nicht erkennen. Alles ist graubraun. Alles sieht verbrannt aus. Verbrannte Erde. Trockene Schollen. Viele Wasserlöcher leer. Flussbette ausgetrocknet. Und auch ein totes Rindvieh liegt da. Wie kann man hier leben? Aber die Viecher käuen wieder und sie zupfen auch an den trockenen Büschen rum, muss also noch was dran oder drin sein. Wir halten auch an Orten, wo man keine Ortschaft sieht, nur den Bahnhof. Der Zug hat acht Waggons, der Bahnsteig aber nur Platz für drei oder vier. Es gibt dann Ansagen, aus welchen Waggons man aussteigen soll. Und die Aufenthalte sind so kurz, nur Leute raus und eventuell rein, obwohl nur wenige einsteigen. Oft keine eineinhalb Minuten und schon geht´s weiter. Kein Hindernis für die Raucher. Die stehen Feuerzeug bei Fuß und qualmen in vier Zügen die Zigarette heiß. Wie arm. Natürlich habe ich auch gehofft, hier über Land Kängurus zu sehen, auch das kleine Kind hinter mir fragt Muttern danach, doch wir sehen keine, oder sie waren da, doch immer dann, wenn ich eingenickt bin, was mir ein paar Mal passiert. Kurz vor Melbourne, ich möchte bald da sein nach so vielen Stunden verbrannter Erde, halten wir auf freier Strecke und halten und halten und da sehe ich warum: ein Güterzug nähert sich uns. Drei Lokomotiven vorne dran und so lang, also der hört überhaupt nicht mehr auf. Was er geladen hat? Container. Dann aber doch Melbourne, also ich sehe die Wolkenkratzer. Doch bis wir da sind, dauert es noch mindestens eine halbe Stunde. Die Stadt ist riesig. Dann, nach zehneinhalb Stunden: Spencer Street, Melbourne Hauptbahnhof. Aussteigen. Alle Raucher des Zuges tun das, was ihnen über zehn Stunden verwehrt war. Dann begebe ich mich zur Information und suche die U-Bahn, die mich zu Joachim und Frauke bringt. In einer fremden Stadt zur Feierabendzeit U-Bahn fahren.

Könnte genauso gut in Deutschland sein. Außer dass die Australier viel freier mit Handys umgehen. Es wird telefoniert, egal wo man sich befindet, auch in der U-Bahn und scheinbar jeder hat eins, egal ob alt oder jung. Ankunft Surrey Hills, Handy benutzen, Frauke anrufen. Sie wird gleich kommen. Hätten wir irgendwas ausmachen sollen, wie ich oder sie aussieht? Welches Auto sie fährt? Nein, wir werden uns schon erkennen. Und tatsächlich. Ich habe immer überlegt, ob ich sie schon mal gesehen habe, aber nein, wir kennen uns tatsächlich nicht. Begrüßen uns freundlich und ich will wieder auf der falschen Seite einsteigen ins Auto. Dieses links fahren und links sitzen als Beifahrer, komisch. Jetzt bin ich mal in einem Vorstadthaus, wie ich schon so viele gesehen habe. Die Gegend ist etwas feiner, oder sagen wir älter, alte Bäume, Parks, Häuser, sieht gewachsen aus. Es ist Besuch da, Ulf und Lydia, Sportjournalist und Handballspielerin, ebenfalls mit Kind, die Matschens haben zwei Jungs, die anderen zwei Mädchen. Joachim (Jogi) kommt erst gegen halb zehn, er hat Premiere mit dem Theaterstück "Kunst" an diesem Abend gehabt. Sechs Jahre nicht gesehen, aber doch bekannt. Schön, in einem Haus zu sitzen, wenn auch mit eher unbekannten Menschen, und einfach zu quatschen, in ein Familienleben hineinzukommen. Gegen elf werden alle müde und wir verabschieden uns in die Betten. Und dann passiert etwas völlig ungewöhnliches, ich liege in einem Bett, das absolut ruhig steht und um mich herum herrscht völlige Dunkelheit und vor allem Stille! Keine Klimaanlage, keine Lüftung, keine Vibrationen, totale Ruhe. Ich höre meinen eigenen Pulsschlag, spüre mein Blut pulsieren. In mir selbst ist es so laut, dass mich das schon fast wieder erschreckt. Und gleichzeitig ist es so angenehm, wie in ein dunkles Loch fallen, liegen, behütet sein. Und tatsächlich schlafe ich so tief und fest, bin so weit weg, dass ich am Morgen Frauke kaum höre, die mich weckt. Nach dem Frühstück Aufbruch nach Melbourne City mit der Straßenbahn. Die Hamburger sollten sich bald für eine entscheiden. Es macht einfach Spaß, damit zu fahren. Hier sind sie grün und alt. Um anzuzeigen, dass man aussteigen möchte, zieht man an einem Band, das überm Kopf verläuft und beim Fahrer eine Klingel auslöst. Und trotz Fahrkartenautomat innen ist überall noch ein Schaffner mit drin, nicht nur um zu kontrollieren, sondern auch zum Helfen, Auskunft erteilen, Geld wechseln. Alle sehr freundlich, überhaupt die Atmosphäre in der Stadt. Zum Beispiel am Queen Victoria Market, Fleisch, Fisch, Obst, Gemüse, Käse, Kuchen, Blumen, Geschenkartikel, Kleidung, Imbissstände aller Herren Länder, eine wirklich internationale Atmosphäre. Dazu kommt das Grand Prix Wochenende, das heißt das Publikum ist weltgemischt. Und an diesem Wochenende ist Moomba Festival. Moomba heißt fun, heißt Spaß. Ein Wort der Aboriginal. Jahrmarkt plus Südpazifikveranstaltungen. Tänzer, Sänger aus Fiji, Marshall Inseln, Vanuatu, Tuvalu, Tonga usw. Und Wasserskiweltcup direkt nebenan. Und überhaupt hat Melbourne dreieinhalb Millionen Einwohner. Ist nach Athen die größte griechische Stadt der Welt, obwohl ich davon gar nichts bemerkt habe. Es hat ein vietnamesisches, chinesisches, italienisches Viertel, Stadtteile heißen West Coburg oder Heidelberg z.B. Es macht einfach Spaß, Stimmungen aufzusaugen, Menschen zu schauen, am Leben teil zu nehmen. Straßenkünstler wie schon in Sydney und Brisbane. Am Abend dann ins Theater, die Inszenierung von Jogi anschauen. Findet in der Schule statt, in der er unterrichtet. Unterrichtsfach Theater, wie schön. Für mich ein bisschen Kultur, ja, auch das kann erbauen. Ich werde auch noch eine Nacht bei ihnen verbringen, das Schiff liegt vor Melbourne vor Anker, ein anderes ist nicht fertig geworden, deshalb heißt es draußen wieder warten. Freue mich über die Entscheidung mit dem Zug hier zu sein. Für zwei Tage ein anderes Leben zu führen.

07.03.1998

Länger Schlafen und frühstücken. Dann das italienische und chinesische Viertel anlaufen und shoppen. Am späten Nachmittag zum Hafen, das Schiff soll kommen. Bis ich das richtige Dock im Hafen gefunden habe, vergeht ein bisschen Zeit und zu Fuß da entlang zu laufen, ist nicht die größte Freude. Es sind einfach zu lange Wege. Sitzt man in der "Strandperle" in Hamburg-Övelgönne und versucht, das Schiff gegenüber am Burchardkai zu Fuß zu erreichen, na viel Spaß. Es sieht so nah aus, doch sind es ca. 20 km bis dahin. Mit einem Boot wäre es ein Klacks. Gut, soweit war es lange nicht für mich, doch immerhin. Nach einigen Diskussionen mit dem Mann am Tor darf ich zum Liegeplatz. Und kurze Zeit später kommt die Fresena. Fast alle stehen an Deck und freuen sich auf Melbourne und freuen sich, mich wieder zu sehen. Großes Hallo und winken. Wie schön! Herrn Roggenbach interessiert, ob ich Zeitungen dabei habe. Alle anderen freuen sich über die Informationen, die ich ihnen bringen kann. Stadtpläne und Broschüren usw. Mache mit Frank aus, später nochmal in die Stadt zu gehen. Bin froh, die Klamotten wechseln zu können, hatte nur sehr wenige bei mir und vor allem ist es in Melbourne um einige Grad kühler als in Sydney. Frank möchte später noch in die Bar 20, eröffnet er mir. Ein Striplokal. Oh. Doch vorher zum Moomba Festival. Auf dem Fluss findet eine Lasershow statt. Samstagabend. Die Stadt brummt. Wir versorgen uns mit zwei Dosen Bier, hocken uns ans Ufer und genießen die Stimmung. Dann schlendern wir über den Jahrmarkt. Als wir was essen und dabei unsere zwei Dosen schlürfen, werden wir von Polizisten angesprochen. Wo wir das Bier her hätten? Ich dachte erst, sie wollen auch eins kaufen, doch dann machen sie uns darauf aufmerksam, dass wir es nur dort trinken dürfen, wo wir es gekauft haben. In der Öffentlichkeit ist es verboten. Wir sollen uns in die Ecke verkriechen oder 100 $ Strafe zahlen. So ist das mit dem Alkohol hier. Später dann die Bar 20. Erinnert mich an amerikanische Filme, sowohl die Türsteher, als auch die ganze Atmosphäre. Tatsächlich stehen und sitzen Männer herum, trinken

Alkohol und die Mädchen tanzen, strippen zu lauter, synthetischer Diskomusik. Sie haben eh kaum etwas am Leib und das ist auch schnell weg und dann wird direkt vor dem Gesicht der Männer das linke oder das rechte Bein abgespreizt, nicht ohne eine Hand auf die geöffnete Scham zu legen, oder die Nase des Mannes wird an den Bauch oder die Brüste gedrückt und das alles in diesen vermeintlich lasziven Bewegungen und angeheizt vom Gekreische beider Geschlechter. Wehe, der Mann fasst die Frau an, da gibt´s aber sofort was auf die Finger oder sie werden rausgeworfen. Mich lässt das alles kalt, weil mich dieses künstliche Getue kalt lässt. Es ist auch keine dabei, die meine Sinnlichkeit reizt. Die, die gerade nicht auf der Bühne sind, laufen zwischen uns herum und suchen Partner für einen Solotanz. Ja, sie tanzt nur für einen allein. In Räumen, in die alle anderen Männer auch schauen können und wo neben einem andere Männer sitzen und sich solistisch betanzen lassen, aber Vorsicht die Finger. Die Männer sehen alle irgendwie traurig aus. Den Apfel samt Baum direkt vor der Nase, die Äpfel duften sogar, doch leider sind sie aus Plastik. Frank würde gerne noch länger bleiben, doch mich treibt es da heraus. So bleibe ich noch eine Weile vor der Tür unten stehen und telefoniere mit Freunden in Hamburg. Um mich herum tobt das Gruppenleben der Jugendlichen von Melbourne und ich telefoniere mit dem Handy mit der Heimat. Komisch, aber dringend notwendig. Frank ist dann, so wie ich, froh, gegen zwei auf dem Schiff zu sein.

Frank hat zu arbeiten ab sieben Uhr und ich penne bis halb neun.

08.03.1998

Duschen und einen Kaffee und schon bin ich wieder unterwegs. Noch müde, aber guter Dinge in die Stadt. Den Bus habe ich gerade verpasst, also Taxi. Heute möchte ich mir das große Museum und den botanischen Garten anschauen und dann zu Mittag italienisches Essen in der Lyon Street und dazu Formel 1 gucken. Zunächst ist vor und neben der Oper ein Kunstflohmarkt. So langsam denke ich über einen eigenen kleinen Container nach, der alle Geschenke, die ich am liebsten kaufen würde, aufnimmt. Ich kaufe dann doch nichts. Wirklich eine Frage des Transports. Nicht nur den ganzen Tag über hätte ich alles bei mir, sondern - wäre es zerbrechlich - müsste ich es irgendwie heil nach Hamburg kriegen. Nun gut. Flohmarkt, Oper von außen, Museum, dort Herrn Roggenbach beim abhaken dieses Museums getroffen, dann endlich Botanischer Garten. Im Museum war nichts, was mich nachhaltig beeindruckt hätte. Im Garten auch nichts, außer der Kolonie der fliegenden Füchse, eine Art Fledermäuse, ziemlich groß, die einen Höllenlärm veranstalteten. So ähnlich wie die Maschinen der Grand Prix Strecke. Begebe mich dann doch nicht ins Italienviertel, sondern nach St. Kilda Beach, tatsächlich ein Stadtteil direkt an dem Beach. Da möchte ich wohnen, ja, ganz spontan. Kleine nette Häuser, Straßenbahn vor der Tür, scheinbar eine Menge Künstler und junge Leute, also ein bisschen jünger als ich, vor allem Frauen und ein paar Touristen, doch vor allem die Stimmung ist angenehm. Hier halte ich es einige Zeit aus. Mit Einkaufsbummel, ja, die Geschäfte haben angenehmerweise am Sonntagnachmittag auf, und essen gehen und so. TV Geschäft, der Start des Rennens, dann komme ich wieder daran vorbei, als Schumi ausscheidet. Bummle an der Straße entlang, auch ein Flohmarkt bzw. ein Kunsthandwerker-markt. Rückfahrt mit dem Linienbus Richtung Stadt, direkt an der Rennstrecke vorbei. Über hundert-tausend Zuschauer werden am Ende einer Ver-anstaltung diszipliniert in Busse geschlangt. Häkki-nen hat gewonnen. Auch gut. Innenstadt. Rand davon. Crown Plaza. Hotel, Spielhalle, Discos, Ki-nos, Restaurants, alles drin und dran. Völlig künst-lich. Ob die Menschen darin wirklich leben? Drau-ßen ein Springbrunnen. Drei Kreise unterschiedli-cher Größe ineinander verschlungen. Zufallsgene-rator speit Wasser aus. Kinder johlen und jauchzen, sind klitschnass oder trauen sich nicht. Eltern la-chen. Neben mir ein japanischer Fotograf mit pro-fessioneller Ausrüstung. Wir warten beide auf den schönsten Schuss. Genießen die einfache, pure Freude der Menschen. Später Telefonat mit Frank und Carsten, dem neuen Zweiten. Wollen ins Kino. Gute Idee. "Titanic" wird es. Gute Wahl. Jetzt nachdem ich solange an Bord eines Schiffes bin, kann ich auch solche Bilder sehen. Im Planet Hol-lywood noch zwei Bierchen. Dann dampfe ich ab nach Hause auf die Tita —nein auf die Fresena. Mit

Eisbergen ist nicht zu rechnen. Ich will die beiden jungen Offiziere allein lassen. Ich glaube, die haben noch etwas vor. Sie reden zwar von Disco, aber sie meinen, glaube ich, eher Puff. Ich muss den Melbourneschen nicht kennenlernen. Jedenfalls nicht heute. Mit Taxi ab zum Schiff. Der Fahrer des Shuttlebusses im Hafengelände kennt mich schon. Bin gerade auf dem Schiff, da hält unten ein Custom-Auto, eine Zöllnerin steigt aus. Sie spricht mich direkt an, meine Position auf dem Schiff, wo ich herkomme, wie weit ich mitfahre, sie will alles genau wissen. Und das nachts kurz vor zwei. Sie hat auf mich gewartet. Ich bin nervös. Stimmt das alles, was ich erzähle, mit dem überein, was Herr Kossak erzählt hat? Wir hatten uns die genannte Geschichte ausgedacht. Ich hoffe, sie stimmt. Lege ihm einen Zettel in seine Hausschuhe, die stehen immer vor der Tür, wenn er in seiner Kammer ist, berichte ihm über den Vorfall. Dann schlafe ich fest, bis spät.

09.03.1998

Wasche Wäsche, habe keine Unterhose mehr und entscheide mich erst gegen Mittag in die Stadt los zu ziehen. Mit dem Elektriker und der Mannschaft starte ich um 13.00 Uhr. Die wollen alle zum Moomba Festival, dort sollen auch ein paar Leute aus Tuvalu auftreten. Das da auch einige aus unserer Crew auftreten, habe ich leider nicht gewusst, sonst wäre ich wohl dahin mitgefahren, so gehe ich in den Zoo. Wenigstens am Ort der Herkunft Kängurus und Koalas sehen! Doch vorher noch am Tor, wir warten alle auf den Bus der Seemannsmission, kommt ein Custom Auto vorgefahren. Zwei Männer. Zielstrebig werde ich untersucht und befragt. Bis sich tatsächlich herausstellt, dass mein Fall, über Land zu fahren und nicht auf See zu sein, wohl so ungewöhnlich ist, dass sie mich immer wieder untersuchen. Meinen Rucksack kontrollieren. Meine Kamera und Handy, alles wird befragt, ob ich das denn auch in der Zollerklärung angegeben habe? Die Kamera klar, das Handy natürlich auch. Ob das stimmt, weiß ich nicht, aber ich behaupte es nassforsch, will diese blöde Schikane hinter mir haben. Alibimäßig wird auch der Beutel des Elektrikers untersucht, aber vollkommen halbherzig. Mir galt die Aktion. Endet damit, dass der Zöllner scheinheilig sagt: "Ach, Sie sind der Mann, der von Sydney mit dem Zug gefahren ist?" Als hätte er das nicht sowieso gewusst. Es ist Feiertag. Labour Day. Montag. Zum Zoo. Staubiges Gelände, sehe vieles, doch bis es die Kängurus und Koalas gibt, dauert es. Und die Koalas waren auch zunächst versteckt, doch einer tut mir den Gefallen, wacht auf und putzt sich. Sonst? Zoo halt. Irgendwie faszinierend, doch meist deprimierend. Bin mit Frank verabredet. Wir spazieren ein bisschen den Yarra River entlang und entscheiden uns dann für ein schwedisches Restaurant. Sitzen, reden, essen. Außerhalb des Schiffes, wobei das natürlich Thema ist, besonders für Frank. Fühle mich in seiner Gesellschaft wohl. Er muss dann aufs Schiff. Ich gehe ins Kino. "As good as it gets" Jack Nicholson baut mich noch mehr auf. Nachtspaziergang, selbst nachts jauchzen etwas größere Kinder an dem Zufallsbrunnen. Telefoniere nachts noch mit Victoria, einer Freundin in Hamburg, sie ist mir während und nach dem Film nicht aus dem Kopf gegangen, musste mit ihr sprechen. Als erstes fragt sie mich, ob ich wieder betrunken sei, wie in Auckland, wo ich auch schon dringend mit ihr telefonieren musste. Nein, ich bin nüchtern. Nur voll von Gefühlen. Voll davon, betrunken davon ins Bett.

10.03.1998

Wir sollen um 10.00 Uhr auslaufen. Es wird dann doch 17.30 Uhr. Tag auf dem Schiff, lesend, quatschend und die Entscheidung treffend – ich verlängere doch über Singapur hinaus bis Genua. Am Abend, beim fulminanten Sonnenuntergang, teile ich das meinem besten Freund und Zuhauseaufpasser Kurt, meiner Mutter, meiner Agentin, meiner lieben Freundin Karin und Herrn Tubenthal, dem Mann vom Reisebüro, der mir diese Reise schmackhaft gemacht und organisiert hat, mit. Ja, ich freue mich drauf. Jetzt beginnt der dritte Monat der Reise.
Der erste Monat: Alles ist neu, Eingewöhnung, Sturm
Der zweite Monat: Vorfreude Südsee, zu kurze Aufenthalte, Enttäuschung
Der dritte Monat: Genuss! Erleben! Schön wärs!

Asien

11.-16.03.1998
17.03.1998

Keine Lust zum Schreiben. Die meiste Zeit jedenfalls. Auch die vier Tage zuvor schrieb ich erst mit großer Verzögerung. Fängt jetzt MEIN Urlaub an? Nicht mehr an andere denken? Sie sind da, aber ich kann sie loslassen. Ja, ich habe keine Angst mehr, verlassen zu werden, wenn ich weg bin, habe wieder mit dem Rauchen aufgehört, am 12.03. abends die letzte Camel. Mir war schlecht dabei, weil ich so viel geraucht habe die letzten Tage. Nochmal richtig Nikotin und Gift eingeführt. Ich fühle mich wohl ohne. So richtig wohl. Und nur in den Momenten der Gewohnheit, nach dem Essen, fällt mir die Zigarette ein. Die Zigarette danach, ja ich weiß nicht, die wird wohl noch auf sich warten lassen müssen, also die Situation. In Djakarta sollen die Frauen wundervoll sein. Alle reden schon davon. Die Crew besonders, doch auch Herr Kossak gab auf die Frage von Herr Roggenbach, wo es denn statistisch gesehen die schönsten Frauen der Welt gibt, Indonesien zur Antwort. Und wenn ich so an Sinta, eine Freundin und Schauspielkollegin, deren Eltern Indonesier sind, denke, kann ich das verstehen. Nun, am 18. sind wir da. Das Wetter war gemischt diese Tage, südlich von Australien sonnig, aber eher kühl und relativ hohe Wellen. Einige Wellenbilder sind dort entstanden. Das Schiff hat sich eine Salzhaut zugelegt. Seit wir um die Südwestecke Australiens sind, wird es ruhiger und wärmer. Und komischerweise können wir, obwohl bis zu 70 Meilen vom Land weg, fernsehen. Am Samstagabend und Sonntag auch ausgenutzt. Werbung ohne Ende. Spätestens alle 10 Minuten ein Block. Das nervt nur noch. Von Herrn Kossak aufgeklärt worden, dass es nicht Bugsteven heißt, sondern Wulststeven oder Birne. Weiß ich auch das nach zwei Monaten. Mit Jimmy gesessen, der mir eine lange Geschichte über Hahnenkämpfe auf den Philippinen erzählt hat. Und über die Filipinos in den USA und seinen Vater und über die Seeleute, die sich grüßen und reden. Ungewöhnlich schwüle Hitze. Regenschauer, nein, die sind schon am 17.03. Sitzen und reden auf der Brücke. Ich habe lange gebraucht, um mich einzugewöhnen, ja, Zutrauen zu fassen. Und mir hat es geholfen, dass Australien anders war, aber doch letztendlich genauso wie überall, Menschen. Und Menschen sind zunächst mal potentielle Freunde. So ist es. Faszinierend ist die Geschichte von Horst Janssen, gerade gelesen. Ein abstoßender Mann und doch faszinierend durch seine einnehmende Art. Dazu stehen. Eigene Fehler erkennen und zulassen. Niemand ist perfekt. Ja, lernen, auch eigene Verhaltensweisen anders einzuschätzen. Den Umgang mit Menschen allgemein, mit Frauen speziell. Ich freue mich darauf, die Angst zu verlieren. Und nun 17.03. 10.11 Uhr Kaffee bei Jimmy. Er muss einem koreanischen Fischtrawler ausweichen. Der kleine Fischer fährt ungerührt weiter geradeaus, obwohl wir

Vorfahrt haben und größer sind. Vielleicht pennen alle auf dem Schiff. Gestern kam aus dem Wasserhahn fast kochendes Wasser, heute ist es dreckig. Zur Antwort bekommt man vom zweiten Ingenieur auch noch verarschende Antworten. Doch alles lasse auch ich mir nicht gefallen! Passende Antwort rausgeschleudert. Das Meer sieht aus wie Gelee. Kein Wind, keine nennenswerten Wellen, nur eine kleine Dünung, woher auch immer die kommt. Zwei Stunden auf der Back am Nachmittag. Mein Lieblingsplatz, ja, das wird er auch bleiben. Der Sonnenuntergang wirkt, als würde man hinterm Horizont runterfallen. Die Wolken dahinter lassen einen das glauben. Wundervoll. Davon abgesehen, dass ich gar nicht groß Lust hätte, doch es gibt auch gar keine Videos mehr an Bord. Alle Filme sind gesehen, oder zumindest die, die halbwegs anschaubar sind. So sind die Abende z. Zt. eher Leseabende. Biographie Horst Janssen. Faszinierendes Monster, dieser Mann. Gnadenlos konsequent aus Angst. Oder aus dem Drang zu verletzen, weil unglaublich verletzbar selber. Einiges erkenne ich wieder. Doch ich lasse es nicht zu. So extrem zu sein.

Heute Morgen habe ich ein Fax geschrieben. Wie es wohl Kurt geht? Möchte gerne wissen, was los ist. Habe das Fax losgeschickt so gegen 14.45 Uhr Bordzeit, also 9.00 Uhr in Deutschland. Gegen 18.00 Uhr Bordzeit reicht mir Herr Kossak ein Fax herein, von Eva. Sie ist schwanger. Hurra! Ich lache. Ich freue mich. Für sie. Für Kurt. Und ich wünsche den beiden nur das Beste. Ja. Alle positi-

ven Gedanken, die möglich sind, sollen sie erreichen.

18.03.1998

Wir nähern uns Djakarta. Zunächst heißt das, die
Sundastraße zu durchqueren. Die gefährlichste Pi-
ratenecke der Welt, sagen die Seeleute. Überhaupt
Indonesien, Südchinesisches Meer, Malakkastraße,
die Gegend der Welt, in die wir jetzt eintauchen. Es
gibt auch noch Südamerika, Afrika, Sri Lanka, alle
haben Geschichten parat. Auch über Djakarta
selbstverständlich. Viele waren noch nicht da, doch
die, die da waren, sind eher entsetzt. Beim vorletz-
ten Trip ist einer der Tuvalus vom Mopedfahrer
irgendwo abgesetzt worden, da warteten schon
andere, er wurde bis auf die Unterhose ausgeraubt.
So jedenfalls, in Unterhose kam er an Bord zurück.
Aber noch sind wir auf See, am Eingang der Land-
enge zwischen Java und Sumatra. Als erstes taucht
Krakatau auf. Heißt jetzt laut Seekarte Rakata. Ist
aber der Vulkan, der 1883 ungeheuer ausgebrochen
ist. Einige Meilen entfernt war die Flutwelle 36,5 m
hoch. Den Knall hat man bis Australien, Indien
und Südafrika gehört. Mit Erdbeben verbunden.
Und monatelangem Ascheregen. Und jetzt liegt die
Insel da. Sieht aus wie ein Vulkankegel. So, wie ich
sie aus dem Fernsehen kenne. Friedlich. Das einzige, was nicht wirklich erkennbar ist, ob die Wolken
am Gipfel nur Wolken sind oder aus dem Berg
kommen. Er ist ja erloschen, der Vulkan. Sagt man.
Also glaube ich daran. Kenne ich die Welt nicht

sowieso nur aus dem Fernsehen? Und ein paar Bü-
chern? Und so wie sie mir als Junge nahegebracht
wurde. Klaus Havenstein, Münchener Kabarettist
ist gestorben, höre ich auf der Deutschen Welle.
Der hat eine Quizsendung für Jugendliche mode-
riert, in den Sechzigern, die ich oft gesehen habe.
Daher rührt mein naives Wissen von der Welt. Daher glaube ich, Zahlen könnten mir etwas über
Verhältnisse wiedergeben. Also jedenfalls ist das
damals so entstanden, wurde mir und allen anderen
so beigebracht. Und Ehrfurcht. Aber was sehe ich?
Einen grün bewachsenen Hügel, der eine Insel ist.
Das dies einer der verheerendsten Vulkane der
aufgezeichneten Menschheitsgeschichte ist, ist nicht
erkennbar. Das wird mir erzählt. Und ich glaube es.
Aber vorstellen kann ich es mir trotzdem nicht.
Genauso wenig Asien. Oder eine Metropole wie
Djakarta. Hört man, kennt man. Ja? Nein. Wir fahren weiter, der Müll im Wasser nimmt zu. Die Farbe ist immer noch grün, doch mit Plastikeinspreng-
seln und Pflanzen und Holz und Undefinierbarem.
Viel Verkehr. Mit uns und gegen an und quer. Ist
eines der Boote ein Piratenboot? Die da? Nein, eine
Dschunke, Fischer oder Transporteure für was
auch immer. Dschunke. Halbmondgeformt, vorne
schlank und spitz, sehr hoch gezogen, hinten eher
dick und plump. Zwischen 6 und 20 Meter lang
und 2-5 Meter breit. So in etwa. Von der Form her
alle gleich. Die ersten Asiaten in Asien sind einfar-
big angezogen, etwas anthrazitfarbiges, einteilig
aussehend und sie tragen alle die großen, runden
Strohhüte. Vier Mann sind an Bord. Keiner schaut

her. Schade. Wie der Koreaner gestern, so ist auch hier das Gebot: Ich fahre hier und du da, du wirst mir schon ausweichen, egal ob groß oder klein.

Und sie machen dann schon Platz. Im letzten Moment fahren die Fischer beiseite. Es passiert nichts und das ist meinem deutschen Herzen fast unverständlich. Mein kleines deutsches Herz draußen in der großen Welt, bei den anderen Menschen, den anderen Stimmungen und Leben. Nah an der engsten Stelle, am Ende der Sundastraße eine Stadt, die kaum erkennbar zwischen Industrieanlagen liegt. Fünf riesige Schornsteine einer Stahlfabrik. Krakatau Steel. In der Bucht der Stadt unzählige Fähren. Teils benutzt, teils vor Anker liegend. Große, kleine, schnelle, langsame. Allein etwa 15 sind unterwegs zwischen Java und Sumatra in der Zeit, die wir da durchfahren.

Wir sind durch. Keine Piraten gesehen. Erleichterung allenthalben. Hinter der Biegung hört es nicht auf mit den Schiffen. Es geht weiter mit Fischern und es tut sich ein Gebilde im Wasser auf, das aus der Ferne Boote sein könnten, tausende, eine Bucht voll davon, doch beim Blick durchs Fernglas wird klar, sie bewegen sich nicht. Unbewegliche Boote, tausende? Kann nicht sein. Näher ranfahren ist nicht. Der Kapitän kommt auf die Brücke und klärt auf. Das sind Holzgestelle, in denen Lobster, Krabben, Garnelen, Getier dieser Art gezüchtet werden. Langustenfarmen oder so. Ein Meer davon. Ca. 3 m im Durchmesser und ebenso aus dem Wasser schauend. Auf der anderen Seite kleine tropische Inseln. Ja, richtig mit Palmen und so. Hab

ich schon erwähnt? 33°C, hohe Luftfeuchtigkeit.
Wenn man nur vor die Tür geht, kriegt man jedes
Mal einen feuchtheißen Waschlappen ins Gesicht
und in den Nacken. Sofort durchgeschwitzt. Und
es stinkt. Undefinierbar, nach fauligem Salzwasser?
Djakarta ist noch 50 Meilen weg. Gehe auf die
Kammer. Zunächst genug Eindrücke. Sammeln für
den Abend. Wir sollen wohl gegen 18.00 Uhr im
Hafen sein. Und dann an Land? Bei all den Horr-
orgeschichten wohl eher nicht. Vor allem nicht
allein. Ohne jegliche Information über die Stadt.
Wir werden langsamer. Sollten wir schon da sein?
Nein, wir sollen erst gegen 18.00 Uhr den Lotsen
bekommen, nicht gegen 17.00 Uhr, darum bummeln wir jetzt. Ankern würde sich nicht lohnen.
Also tuckern wir durch den Müll langsam auf die
Stadt zu. Also ab und zu ist ein bisschen zu sehen.
Dann ist es 17.30 Uhr, Anruf beim Lotsen, wir sind
da und bereit. Der gibt als Antwort, dass er um
19.00 Uhr kommt. Nachfrage: 19.00 Uhr? Antwort:
19.00 Uhr. Nachfrage: Eins. Neun. Uhr? Antwort:
Eins. Neun. Uhr. Niemand weiß warum, und wenn
es einem gesagt werden könnte, würde man es wohl
trotzdem nicht erfahren. Einfach so eine Stunde
später. Der Kapitän geht kurz nach draußen und
schreit wohl einmal dezent laut Scheiße. Vorher hat
er noch den Befehl zum Wenden gegeben. Die
Hilflosigkeit wird wieder einmal deutlich gezeigt.
Niemand weiß warum, alles ist anders als gedacht
oder geplant. Letztendlich ist alles so, wie gedacht
oder geplant, doch so, wie andere es wollen. Meistens. Alle können erst einmal in Ruhe Abendessen.

Ruhe, na ja. Dann ist es tatsächlich so weit, ein Mann in Uniform - apropos Uniform, der Kapitän trägt das erste Mal auch so etwas ähnliches, auf jeden Fall die Schulterklappen mit den vier Streifen - betritt das Schiff. Kurze Hose, knielange Strümpfe, Pullover! Pullover? Ja, bei über 30°C, nun ja, und Mütze. Und er springt auf und ab. Und funkt, was das Zeug hält. Nur eins fehlt, er kann scheinbar fast überhaupt kein Englisch. Die Sprache aller Weltmeere. Die ohnehin angespannte Stimmung verspannt sich immer mehr. Doch irgendwie bewundere ich Herrn Kossak trotzdem: er bleibt relativ ruhig, nicht gelassen, er konzentriert sich umso mehr auf seine Fähigkeiten und er ist trotzdem sauer, genervt, ohne die Haltung zu verlieren. Ich würde ausflippen! Aber ich bin Passagier und damit kann es mir egal sein. Aber wundern ist erlaubt.

Wir fahren also irgendwie hinein in den Hafen. Ich erkenne nicht einmal die Hafeneinfahrt, was ich nur sehe ist: hunderte von Schiffen links und rechts der Hafeneinfahrt vor Anker. Dazwischen ebenso viele kleine Boote. Mit oder eher ohne Licht. Angeblich sind da auch Boote mit Damen dabei. Ja, die fahren zu den Schiffen und bieten ihre Dienste an. Offiziell Businesswomen. Welches Business? T-Shirt Verkauf oder Schuhe oder doch hauptsächlich das älteste Gewerbe der Welt. Ein Boot scheint mir voll mit Frauen zu sein, auf dem Weg in den Ankerdschungel.

Gehe ich doch an Land? Von den Offizieren hat niemand Zeit, das weiß ich. Mit Herrn Roggenbach will ich ganz sicher nicht an Land. Nicht hier. Er will auch sowieso nicht. Er hat Angst vor den Mücken. Vor Malaria. Hat keine Tabletten genommen. Aus Angst vor den Nebenwirkungen. Er bleibt an Bord. Und wird sich fast die gesamte Zeit in Djakarta in seiner Kammer einschließen. Ach ja, auch das geben der Kapitän und Frank als Devise aus: immer alles abschließen, auch wenn man nur zum Essen geht. Zwar sind alle Türen zu, doch unten im Gang zu den Büros muss offen sein. Und da kann jeder rein. Abschließen, alle hier sind potenzielle Diebe. So die Devise. Ich glaub's erstmal. Abschließen schadet ja nicht. Und die Geschichten, dass Menschen plötzlich in der Kammer stehen und so tun, als hätten sie sich geirrt, solche Geschichten und ähnliche habe ich in den letzten Tagen oft gehört und haben sich in mir festgesetzt. Angst haben. Fremdheit. Alles Diebe. Alles Gauner. Nichts klappt. Pass bloß auf! Sei immer auf der Hut! Gefährliches Pflaster! Ist ja alles nichts für mein friedliches Gemüt. Dunkle Gestalten in dunklen unbekannten Gegenden. Jetzt wird alles in mir gefordert, was ich jemals in meinem Leben an Negativem erfahren habe. Aus Erzählungen, Krimis, Romanen, Filmen. Die dunkle Hafengegend, Menschen, die nur dein Geld und oder dein Leben wollen. Ohne Ansehen der Person. Und da soll ich an Land gehen? Und was ist meine eigene Meinung? Normalerweise offen für das, was kommt, offen und damit umgehend, das die mir begegnenden Menschen potentielle Freunde sind. Doch bei den gesamten Vorerzählungen fällt es mir schwer, diesem Gefühl zu folgen. Mich frei und offen zu geben, bei so viel mieser Stimmungsmache und möglicherweise wahren Geschichten. Der friedliche grüne Hügel am Morgen soll ja auch mal viele, viele Menschen getötet haben. Und Sintas Bruder, habe ich erfahren, ist auf der Teeplantage außerhalb und nicht in der Stadt. Wer weiß, wofür es gut ist.

Aber noch haben wir nicht angelegt. Wir tuckern erst mal hinein, durch die Schiffe und den Gestank. Scheinbar unendlich langsam und unglaublich laut. Alle Funkgeräte auf Empfang. Jeder quasselt gegen jeden an, das schiffsinterne Telefon, der UKW 12 Kanal, der 16er Kanal, die Funke zwischen Lotse und Schlepper und die Funkgeräte des Schiffes und überall wird gequatscht. In mindestens drei verschiedenen Sprachen. Und dazu die Anweisungen des Lotsen an den Rudergänger, die der Kapitän relativiert oder übersetzt. Die Hölle. Und die Hitze klatscht jedes Hemd an die Körper. Ich werde ganz still. Was soll ich auch jetzt reden? Und mit wem? Die Schiffsleute haben tatsächlich genug zu tun. Trotz aller Kommunikationsprobleme klappt das Anlegen wieder sanft und beulenfrei. Unten am Kai ist, ja könnte man fast sagen, eine Menschenmenge versammelt. Die Festmacher, ja klar, die sind ja in jedem Hafen. Doch dazu laufen, sitzen und stehen da unten so viele Männer rum wie noch nie gesehen. Gewusel um die besten Plätze. Wofür beste Plätze? Ich gehe nach unten. Tatsächlich strömen Menschen an Bord, wie ich es in der Zahl noch nicht gesehen habe, in keinem Hafen. Normalerweise sind da: Agent und die Laschgang. Das sind die, die die Container befestigen und lösen. Normal auch die Behörden, Zoll usw. Doch hier sind es fliegende Händler. Die kommen an Bord und breiten ihre Waren aus. Schuhe, T-Shirts, Gürtel, Uhren und, und, und… Und unten vor der Gangway stehen einige und bieten ihre Fahrdienste an. Mit Motorrollern. Ein Brief wird mir hingehalten, von Karin. Wunderschön, vielen Dank, ist im Moment gerade ganz weit weg. Unsere Filipinos wollen an Land. Der Koch, er ist aus Myanmar (Burma), der Steward, der Messman. Die beiden sind Filipinos. Sie sind aber ständig mit dem Koch zusammen, deshalb heißen sie die Filipinogang. Also die wollen an Land. Bar, Disco, Mädchen. Zunächst müssen noch Landgangspässe ausgestellt werden. Gehe ich mit ihnen? Bleibe ich hier? Sonst will niemand an Land. Hab ich gehört. Alleine will ich nicht. Wie sie denn an Land kommen? Mit Taxi. Gut, ich komme mit. Ich muss mich nur noch umziehen und dann kann es losgehen. Ich mache eher bedächtig. Davon abgesehen, dass die Pässe brauchen, bis sie fertig sind. Ich bin unsicher. Nach all dem Gerede vorher. Soll ich? Oder nicht? Dabei ziehe ich mich um. Putze mir die Zähne. Lege ein wenig Antimückenöl auf. Schließe meine Kammer ab und schlendere runter. Der Kapitän drückt mir den Pass in die Hand. Hektik. Ja und dann geht alles ganz schnell. Der Messman fängt mich ab im Bürogang. Sie seien soweit. Es könnte losgehen. Noch mehr Händler haben sich breit gemacht auf dem Deck. Ab jetzt läuft der Rest dieses abends ab wie ein Film. Ich gehe mit. An Land. Tue Dinge, die jeder Vernunft widersprechen. Kann mich nicht wehren.

Will es auch gar nicht. Lasse laufen. Und bleibe dabei hellwach. Mein Adrenalinspiegel sinkt nicht mehr ab. ES läuft. Es wird einer der unvergesslichsten Abende meines Lebens werden. Das sage ich jetzt, wo ich das aufschreibe, am 21. März, drei Tage danach, direkt bevor wir in Singapur an die Pier gehen. Die Hauptmaschine wird gerade angeworfen. Noch ankern wir. Ich hab Djakarta überlebt. Den Abend dort. Jetzt ist Singapur dran. Mittags. Es werden wohl wieder sage und schreibe sechs Stunden für die Großstadt werden. Ich könnte glatt eine rauchen. Wenn ich nicht Nichtraucher wäre. Und tatsächlich habe ich in Singapur am Abend eine Zigarette geraucht.

Doch die Gedanken sollen zurück nach Djakarta, zunächst noch einmal. Bei Cees Nooteboom, holländischer Schriftsteller, Vielreisender, habe ich gelesen, dass es Eindrücke, Erlebnisse, Tage auf Reisen gibt, die man mit bestem Willen nicht beschreiben kann. Nicht so, wie sie für einen selber abgelaufen sind. Worte danach und wohl auch währenddessen versagen. Und doch möchte ich hier relativ genau sein, weil es keine Bilder gibt. Weder Fotoapparat und schon gar nicht die Videokamera nehme ich mit. Das ich als Europäer da bin, reicht doch schon als Besonderheit.

Kaum habe ich die Tür geöffnet und gesehen, dass es mehr Händler geworden sind, haben auch sie mich entdeckt. Ich trage keinen Overall, keinen Helm, also irgendeiner, der Geld hat. Kapitän oder sowas muss ich sein. Die Augen taxieren mich und in dem Moment, wo meine Augen etwas abtasten, nur um zu sehen, was es ist, wird mir das jeweilige schon angeboten. Mit besten, wärmsten, höchsten Empfehlungen. Wird mein Zögern bemerkt oder wandern meine Augen weiter, wird dort weiter angeboten. Oder der Preis geht sofort ein bisschen runter. Dabei will ich hier ja gar nicht kaufen, ich möchte nur dem Messman folgen, der langsam voraus geht Richtung Treppe. Durch die Menschenmenge hindurch. Dabei sind auch welche von der Laschgang, Menschen in Uniform. Viele von denen lächeln freundlich. Weil sie nicht um jede Rupie kämpfen müssen? Irgendjemand der Mannschaft, kann auch ein Offizier sein, steht an der Treppe, wie üblich in den Häfen, und verabschiedet uns. Ich bin schon so aufgedreht, dass ich nicht mitbekomme, wer es ist. Ein Mann mittleren Alters, heißt, Mitte dreißig, in Windjacke ist auf mich zugestürzt gekommen und hat mir unmissverständlich zu verstehen gegeben, dass ich sein Kunde bin, sein Gast. Sein Opfer? Sein Geschäft? Ich habe ihn mir nicht ausgesucht. Es gab auch keine Reihenfolge. 1., 2., 3. Taxi oder so. Während ich oben war, zum Umziehen, haben die Filipinos schon verhandelt, scheinbar, darüber haben wir nie gesprochen. Und Taxis sind es auch nicht, wir bräuchten ja nur eins. Mein Fahrer schnappt mich und schiebt mich zu den drei Wohncontainern hinüber, die als Büro dienen. Ich will die ganze Zeit etwas sagen, schaue ständig zu den Filipinos, will nicht allein gelassen werden mit einem Mann, der mich ständig betatscht, der mich als sein persönliches Abendeigentum betrachtet. Und er war mir schon aufgefallen, als ich beim Anlegen noch oben auf der Brücke stand. Er rannte unten am Kai auf und ab, den Blick flirrend aufs Deck gerichtet, auf der Suche nach etwas. Nach jemandem. Nach einem Geschäft. Ich weiß gar nicht wonach. Das war meine Interpretation. Und dieser Blick stieß mich ab. Und nun steige ich zu ihm auf den Motorroller. Er setzt einen Helm auf. Ich habe nichts. Er will sofort losfahren. Redet in ungeheurem Tempo von einem Club, wo er mich hinbringen will. Ich hatte von den anderen einen Namen gehört und den genannt. Karimpang, oder so. Er hört kurz hin und redet dann ständig von einem anderen, angeblich viel besser und will los. Fährt auch. Doch ich sage ihm, dass ich auf die anderen warten will. Deren Fahrer sind mit ihren Maschinen am Schiff. Dort wird noch geredet. Verhandelt? Mein Fahrer hupt. Diese Hupen der Motorroller, so kläglich. Wie die Gefährte. Von Fahrradklingel bis Sirene eines LKWs oder eines Schiffes, die Resonanz entspricht immer dem Gefährt, warum? Müssten nicht gerade die kleinsten und schutzlosesten Fahrräder am lautesten auf sich aufmerksam machen? Den LKW hört und sieht man von weitem, selbst im Dunkeln. Der Motorroller ist übrigens neu. Ein japanischer mit Automatikgetriebe. Ob die anderen unsere Hupe gehört haben, weiß ich nicht, aber sie haben uns gesehen und kommen auf uns zu. Vier dunkle Gefährte, neu, vier Männer mit Helm vorne drauf, Indonesier, wahrscheinlich, habe nicht gefragt, alle tragen eine Art Bomberjacke und Militärhosen, mit großen Taschen an der Seite und brabbeln darüber,

wo es hingehen soll, während hintendrauf ein my-
anmarischer Koch, zwei philippinische Kellner und
ein deutscher Schauspieler in Jeans und T-Shirt für
den Abendausflug geduscht und geschniegelt, darauf warten, wo sie hingebracht werden. Die drei
anderen lachen. Sie freuen sich, auf einem Zweirad
zu sitzen und dem Vergnügen entgegengeschaukelt
zu werden. Ich wollte kein Zweirad. Ich wollte ein
Taxi. Ich hatte die gruselige Geschichte des Tuvalu
gehört, der in Unterhose zum Schiff zurückkam.
Das geht mir durch den Kopf. Und nur nicht allein
durch die Gegend fahren. Und auf so einem Motorroller oder Moped ist man allein. Wenn der Fahrer abbiegt, irgendwohin, ist man mit ihm allein.
Oder mit den anderen bösen Buben, die da auf
einen lauern. Das Lachen der Drei, deren Vorfreude, lässt mich auf dem Sozius sitzen bleiben. Mit
den gemischtesten Gefühlen, derer ich mich erinnern kann. Ich bin in Asien. Nicht in Chinatown,
einer westlich angehauchten Stadt in Australien.
Nein in Asien. Djakarta, Indonesien. Los geht´s.
Nebeneinander her durch die Containerberge zum
Tor. LKW mit Container, Papiere werden kontrolliert. Wir nehmen einen Ausgang, der frei ist.
Achtspurig wird hier abgefertigt. Eine dunkelblaue
Uniform taucht vor uns auf. Wir halten. Ich fumm-
le meinen Landgangspass heraus. Wir halten. Die
drei anderen fahren einfach weiter. Die werden
nicht angehalten. Das ist ein abgekartetes Spiel!
Zunächst gemeinsam reden und dann den Europäer am Tor aufhalten und isolieren. Hier stecken
doch alle unter einer Decke. Meinen Pass wollen

die gar nicht sehen. Die reden nur mit meinem Fahrer. Die anderen entschwinden. Panik. Wir fahren wieder los. Mein Fahrer sagt mir, dass er mich zu einem ganz tollen Club fährt. Ich sage ihm, er solle mich zu den anderen bringen. Er redet von einem ganz tollen Club. Mein Hirn rattert alles durch. Jede gespeicherte Information über alles, was mir bekannt ist und Gefahr bedeutet und ihre Lösung. Bei voller Fahrt, etwa sechzig Stundenkilometer, staubig ist die Straße, Sand und Kies auf Asphalt, also rutschig, will ich schon umkehren, doch entscheide mich dafür, den Fahrer von hinten anzubrüllen, laut und bestimmt ihm durch den Helm zu verstehen zu geben, dass ich nur und zwar nur mit den anderen dreien zusammen irgendwo hin will. Er hört tatsächlich auf zu quasseln, gibt den Rest des Gases, das möglich ist und fährt zu den anderen. Jedenfalls hoffe ich das, denn sehen kann ich sie nicht, ihr Vorsprung ist zu groß. Wir biegen auf die Hauptstraße ein. Vierspurig. Doch mindestens sechsspurig wird gefahren. LKW, PKW, Roller, Mopeds, Busse, Fahrräder, Fußgänger mit ihrem Geschäft. Alle drängeln nach vorne. Alle haben es ungeheuer eilig. Aber wo ist vorne? Und was passiert, wenn die Eile von Erfolg gekrönt ist? Welchen Erfolg? Ein infernalischer Lärm umgibt mich. Hupen, schnarren, rufen. Nein, kein menschliches Rufen, das ist nur in meinem Kopf. Alle verlassen sich auf ihr mechanisches Lärmdurchdringungsgerät. Der Fahrer zeigt nach vorne. Tatsächlich, da sind die anderen. Freude allerseits. Leicht gequält wirkt aber auch deren Lachen. Wegen des Verkehrs, der Ungewissheit, des Staubes, der Abgase, des Lärms? Irgendwas bringt die Quälung hinein. Wir biegen von der Hauptstraße ab. Wollen es, besser gesagt. Ampelphasen dauern etwas länger hier. Ich könnte abspringen und zu Fuß zum Schiff zurück. Noch. Aber die Straße entlang? Überall standen Menschen herum. Vor Werkstätten, Kneipen, Tankstellen. Doch stimmen diese Worte? Obwohl es dunkel ist, erkenne ich etwas, was ich für das Genannte halte, doch es sieht anders aus. Wie? Wellblech, grau-braun, duster, dreckig, Pfützen davor. Nur die Leuchtreklamen, die es gibt, sind blendend grell. Unsere Ampel wird grün. Dieses auf der anderen Seite fahren, wie die Engländer, macht mich immer noch fertig. Besonders auf dem ungeschützten Roller. Sind wir links oder rechts, überholt er links oder rechts, schaut er eigentlich mal nach hinten, bevor er überholt? Die Straße, in der wir uns jetzt befinden, ist eher schmal. Und scheinbar eine Einbahnstraße. Ganz sicher bin ich mir nicht. Links und rechts ein Kanal, alle hundert Meter ein Querkanal. Dadurch Brücken für die Straße, für die Einfahrten. Häuser überall. Also Wellblechhütten meine ich. Und mit Kanälen meine ich Grabengröße, alles betoniert. Schlaglöcher. Hier und da wird gegrillt. Dämpfe stinken auf. Die von Hand gezogenen Kioske überall. Mineralwasserflaschen erkenne ich. Die typischen Evian- oder Volvicflaschen, Plastik natürlich. Groß und Klein. Und Süßes. Mars, M+M und so. Und alle Wagen sehen gleich aus. Als würde die Regierung solche Wagen mit Inhalt verkaufen. Ge-

144

normt. Die Zahl der Selbständigen erhöhen. Die Gegend ist quadratisiert. Wie eine Kleingartensiedlung nur ohne Gärten und Bäume. Und die Häuser Wand an Wand.

Mein Fahrer übrigens immer vorneweg. Ich weiß nicht, ob er der Boss der Fahrgemeinschaft ist, oder ob es mit mir zu tun hat. Ich schaue mich jedenfalls relativ häufig um, um zu sehen, ob die anderen noch da sind. Sind sie. Wie oft habe ich bis hierher schon gedacht, wir können nicht mehr bremsen, rechtzeitig, wir werden von einem Entgegenkommenden in den Graben geschleudert, eine plötzlich aufgehende Autotür stoppt unsere Fahrt? Nichts von dem tritt ein. Mein Fahrer kennt sein Gerät und scheinbar auch die Gewohnheiten der anderen Fahrer. Links abbiegen, also was bei uns rechts wäre, wird sofort erledigt. Da wird nicht geschaut, sondern sofort eingefädelt, direkt am Bordstein und es klappt auch immer. Alle anderen, die von rechts kommen, weichen entsprechende Zentimeter aus, die den Unfall verhindern. Und man braucht ja auch nur Zentimeter. Millimeter würden auch reichen. Mehr wäre Platzverschwendung. Rechts über die Straße. Wo will er hin? Der Bürgersteig ist voll mit Menschen. Kleine Einfahrt, nein Eingang. Hier stehen tatsächlich Taxen. Ich dachte schon, es gäbe keine. Der Eingang ist etwa eineinhalb Meter breit, wie in einen Stall geht es, ungeebneter Beton unter den Rädern. Vor uns Menschen, eindeutig nur Fußgänger hier. Ich werde angestarrt. Oder starre ich selber so? Oder weil wir hier mit den Motorrollern reinfahren? Nach zehn

Metern ist rechts eine Nische, dort steht schon ein anderer Roller. Der Parkplatz also. Aha. Ich steige ab. Warte auf die anderen. Mein Fahrer, der Chef, ja er ist es, dirigiert die anderen in ihre Lücke. Wir vier schauen uns um und an und fragen uns, wo wir hier sind, denn Disco oder Bar oder ähnliches ist nirgendwo zu sehen. Vor uns öffnet sich der Gang irgendwohin. Öffnet? Er führt weiter. Gleich breit. Dahin sollen wir folgen. Wir sind froh, immer noch zusammen zu sein. Auch die anderen hatten gewisse Befürchtungen. Wir stiefeln dem Chef hinterher. Die drei anderen Fahrer als Aufpasser folgen uns. Also nicht nur Taxifahrer. Wir stolpern durch den Gang. Hier festgetretener Lehmboden, dort ein Brett, hier Kacheln. Sammelsurium der Fußbodenarchitektur. Im Halbdunkel. Und nur die Füße beachten? Geht nicht. Beidseitig Geschäfte, Kiosk, Imbiss, Kneipe, Wohnung. Wohnung? Ja, sieht so aus, als gäbe es hier keine Trennung. Alles ist zusammengebaut aus Wellblech, Holz, Stein, egal, was immer man irgendwo gefunden hat. Und auch keine wirkliche Trennung zwischen den Geschäften, es sei denn, man nennt eine Blechwand eine Trennung. Über uns sind Fenster, alte Fenster, mit Holzrahmen als Dach. Dass das oben hält! Mitten im Weg Grills. In Betrieb. Rechts oder links vorbei? Durch welche Wohnung, um dem Grill auszuweichen? Die Grills sind die Küchen, sowohl der Kneipen als auch der Privathaushalte. Es wird gegrillt, was die Kohlen hergeben. Oder womit grillen die? Es stinkt und brennt in den Augen. Dazu ist immer noch der Staub der Straße darin. Doch das bemerke ich irgendwann später. Im Moment bin ich nur am Staunen. Meine Augen wohl weit offen, falls die Augen der Bewohner mein Spiegel sind. Ich fühle mich als Eindringling. Schlage die Augen nieder. Nützt aber nicht viel, die Neugier lässt sie sich wieder heben. Nach etwa zweihundert Metern endet dieser Gang. Russell, der Steward und ich schauen uns an, wir gehen nebeneinander. Wo soll es jetzt hingehen? Unsere Körper straffen sich. Sind wir in die Falle gelockt? Der Chef biegt plötzlich nach links ab, ein Durchgang. Wir müssen über Rohre steigen, alte Bleiwasserrohre, die als Sperre kreuz und quer aus dem Boden schauen. Niemand soll mit Roller oder ähnlichem da durch fahren können. Wieder Blick mit Russell gewechselt. Wir lachen und entstraffen. Unüberdacht öffnet sich vor uns ein weiterer Gang. Etwas breiter. Zunächst nur rechts eine Kneipe hinter der nächsten. Einstöckig gebaut. Ohne Eingangstüren. Wozu auch, hier ist es immer warm. Aber Eingang schon. Wie ein Salooneingang ohne Schwingtür. Links und rechts davon, meistens aus Holz, manchmal aus Metall, gedrechselte, geschwungene Fenster, die gesamte Front einnehmend, ohne Glas darin. Ja ein Saloon der heutigen Zeit. Alle etwa gleich groß. 50-60 qm. Tanzfläche in der Mitte, Stühle und Tische drum herum. Irgendwo eine kleine Theke. Oft Plastikstühle, die die wir bei uns als Gartenstühle kennen, mit den dazu gehörigen Tischen. Das Holz- oder Metallfenster in den unterschiedlichsten Farben, immer in einer Farbe. Rot und weiß vorherrschend. Grelles, zuckendes Licht in den Kneipen.

An der Außenwand Werbung für Bier, Guinness und ein Einheimisches. Tiger Beer? Rot war die Farbe der Neonreklame. Nach 50 Metern geht wieder rechts und links ein Weg weiter. Genauso quadratisch angelegt, dieses Viertel wie das eben durchfahrene. Und überhaupt folgen nun Gänge und Kneipen in unaufhörlicher Folge. Direkt aneinander geklatscht. Kein Raum wird verschenkt. Die Wege sind alle rund wie früher bei uns die Kopfsteinpflasterstraßen. Das Regenwasser fließt so besser ab, in die an den Hauswänden entlang laufenden Rinnen, über die man drüber steigen muss, um nach Innen zu kommen. Aber will man überhaupt nach Innen? In jeder Kneipe riesige Lautsprecher, alle bis zum Stehkragen aufgedreht. Schon auf den Gängen muss man schreien, um sich zu verständigen. In den meisten Kneipen ist auch nichts los. Nur in wenigen sitzen ein paar wenige und trinken oder tanzen. Davor ist umso mehr los. Auf den schmalen Gängen stehen oder sitzen Frauen. Und die sind schon da. Die bummeln nicht herum, wie wir Männer. Die bleiben bei der jeweiligen Kneipe. Die verdienen dort ihr Geld. Wir werden mit "Hello" begrüßt. Der Messman, der Jüngste in unserer Gruppe, flachst und scherzt, wirft Kusshände. Vier potentielle Kunden plus die Einheimischen, die ja eventuell auch, oder nicht? Ich werde etwas länger taxiert, leicht überrraschte Gesichter, doch dann werde auch ich betatscht. In Deutschland ist es ja umgekehrt, da kneift ein Mann einer Frau in den Hintern. Also so war das mal, heute würde er dafür in der Regel eine Ohrfeige einstecken. Ich müsste momentan nur um mich schlagen. Hintern, Oberschenkel, Waden, Arm, Rücken, Leiste. Mit einem Aufforderungslaut werde ich berührt. Doch unser Chef bedeutet uns, weiter zu gehen. Er hat wohl einen bestimmten Laden im Visier. Wahrscheinlich Bruder, Cousin, Onkel oder bester Freund. Oder seine Frau arbeitet da? Wer weiß das schon. Wir biegen wieder ab. Wieder nur rechterhand Kneipen, geradeaus eine schmutziggraue Wand, zwei Meter hoch, davor ein Graben, links ist nix. Dunkler Hinterhof. Kein Licht. Wieder Blickwechsel mit Russell. Ist es jetzt soweit? Der Überfall. Der Chef vorne, dahinter Russell und ich, dahinter der Koch und der Messman, dann die drei anderen Fahrer, also von uns kann niemand fliehen. Direkt vor dem Graben biegen wir nach links ab. Was sehe ich? Einen Müllhaufen. Tatsächlich. Vielleicht eineinhalb Meter hoch und zehn Meter im Durchmesser. Direkt neben uns der Graben, halb voll Wasser, also etwas flüssiges jedenfalls, halb voll Müll, dahinter die Mauer, links der Müllhaufen und von dort kommend ein Zulauf zum Graben. Wir laufen über festgetrampelten Müll über einen wackeligen Steg auf eine Hausfront zu. Und wieder entspannen, wir sind in der nächsten Gasse, mit Kneipe an Kneipe, von hinten gekommen. Die Abkürzung über den Müll. Ja, hier soll unser Paradies sein, hier bleibt unser Chef stehen und geleitet uns in die Kneipe. Da ich keinen, auch noch so kleinen Unterschied zu irgendeiner anderen Kneipe feststellen kann, muss es der Bruder oder sonst wer sein, dem die Kneipe gehört.

Wir stehen zunächst etwas unentschlossen davor. Auch den anderen geht es wie mir: was ist hier besser? War es unterwegs in diesem Irrgarten nicht einige Male schöner als hier? Mehr oder weniger dringlich gebeten, betreten wir das Lokal. Wir haben Durst, darum ist es ok. Tische und Stühle werden zusammengestellt. Schnell gezählt, für 12 Leute. Wieso? Wir sind vier Männer? Noch schneller sitzen vier Frauen mit am Tisch und unsere Fahrer ebenfalls. Die Frauen werden verteilt. Ja, werden verteilt. Es sitzt plötzlich eine Frau neben mir, die ich unsympathisch finde, bin getrennt von den anderen durch deren Frauen und durch die Fahrer, habe ein Bierglas vor der Nase, der Tisch ist voll von Getränken, ging Ratzfatz, die zwei Sorten Bier, für die überall geworben wird und Cola und Eis und irgendwas zum Knabbern und eine geschlossene Packung Kleenex und für die rauchenden Damen Zigaretten. Ich kann gerade noch mich entscheiden für das Guinness und schon wird die Bierflasche geöffnet mit einem zeremoniellen Akt. Ein Stück Holz, in das eine Schraube gedreht ist, ist ein Flaschenöffner. Der wird mit einer feierlichen Handbewegung an den Flaschenhals angesetzt und mit einem Schlag aufs Holz zischt es und die Flüssigkeit ist zugänglich. Die Damen gießen ein. Lassen noch Platz für Eis, denn die Flaschen sind Pi-warm. Nach jedem Schluck wird sofort nachgeschenkt, alle tun dies mit der einen immer gleichen Geste und Feierlichkeit. Und alle trinken mit. Auch unsere Fahrer. Also, man möchte ein Bier trinken gehen und sitzt dann neben einer Frau, die man sich nicht ausgesucht hat, und zahlt dem Fahrer, der einen an einen Ort gebracht hat, den er ausgesucht hat, sein Bier. Und man selbst wird ständig dazu aufgefordert zu trinken, allen zu zuprosten, besonders der "eigenen" Dame und mit zu lachen, wenn die anderen lachen. Und warum wehrt man sich nicht? Sagt klipp und klar: so interessiert mich euer Abend nicht! Weil man überhaupt nicht weiß, wie man sich verhalten soll, keine Ahnung hat, wo man ist, sich vier sichtbaren Aufpassern gegenüber befindet, in deren seitlicher Hosentasche sich harte Gegenstände abzeichnen, außer ihnen niemand englisch spricht, ich meine philippinischen Kollegen kaum kenne, also nicht weiß, wie die reagieren, was die wollen und ich mich dann von ihnen trennen müsste, vielleicht. Und jetzt bin ich schon mal hier. Wollte doch schon immer ein Abenteurer sein, oder? Tja, in Kinofilmen hat der Held immer eine Lösung parat und bleibt cool bis in die Haarspitzen. Aber ich sitze nicht im Kino! Mal sehen, wie es weiter geht.

Übrigens, reden geht nicht, selbst Mund an Ohr führt zu keiner Verständigung und dreißig Grad Lufttemperatur bei ca. 90% Luftfeuchtigkeit lässt keine Gemütlichkeit aufkommen. Dazu auf Plastikgartenstühlen sitzen. Ich fühle mich unwohl. Vorsichtig ausgedrückt. Den anderen geht es Gott sei Dank ähnlich, auch sie fangen nach relativ kurzer Zeit an aufzustehen, nach draußen zu laufen, um sich zu unterhalten. Wir verständigen uns darauf, nicht zu lange zu bleiben. Mir dauert es zu lang. Jetzt, wo ich das gestern geschriebene noch mal

lese, denke ich, wieso muss man sagen, klipp und
klar: so will ich euren Abend nicht? Sie versuchen,
uns etwas zu bieten, was sie für toll halten. Das ist
doch erstmal einfach nur gut. Das ich dabei so viel
Angst habe, misstrauisch bin, mir einrede, ich
müsste höllisch aufpassen, was ich wieder von anderen gehört habe, dafür können der Chef und die
anderen nichts. Dass ein Abend nicht unter meiner
Kontrolle steht, ist vielleicht eher mein Problem.
Aber das ist jetzt einige Tage später meine Deutung. An dem Abend war ich ungeheuer aufgeregt.
Und die Lautstärke und die Verständigungsproble-
me haben dazu beigetragen, dass ich mich überfor-
dert fühlte. Wir sind dann aber gegangen, nachdem
wir 16 US Dollar gelöhnt haben. Wenn es ums
Geld geht, setzen alle Menschen eine ernsthafte
Miene auf, nehmen eine Haltung ein, ja, beim Geld
hört der Spaß auf, so heißt doch ein Spruch. Und
hier steht es überdeutlich in den Gesichtern. Die
Feierlichkeit der Rechnungsübergabe. Die Überprüfung der Rechnung, haarklein. Jedes Bier, jede
Zigarette, alles wird aufgeführt, dann wird ganz
ernst noch ein wenig verhandelt und dann wird
akzeptiert und gezahlt. Es gibt keine Karte, auf der
ein Preis stände. Könnte manches vereinfachen.
Doch hier wird gehandelt. Trinkgeld gibt 's nicht.
Wem sollte man es auch geben. Dem Kneipier,
eher Zuhälter oder den Damen fürs einschenken?
Außerdem wurde gehandelt und dem festgelegten
Preis jetzt noch ein Trinkgeld drauf zu packen,
wäre merkwürdig. 16 Dollar für 12 Personen, für
eineinhalb Getränke pro Person oder so, ein paar

Zigaretten für die Damen, die müssen sozusagen rauchen. Das sieht man ein paar von ihnen auch an, sie können gar nicht rauchen, tun es sicher sonst auch nicht, doch hier ist es Geschäft. Zum Rauchen gezwungen. Ein RTL TV MOVIE Titel. Wir verlassen diesen Ort. Stehen auf der Gasse und überlegen, wohin? Nicht nur welche Richtung in diesem Wirrwarr an Gassen, sondern auch, ob wir ganz woanders hinwollen. Erstmal werden wir schon wieder gedrängelt vom Chef. Die anderen lächeln auch ständig, doch was auch immer dieses Lächeln bedeutet, so wirklich zurücklächeln meinerseits entsteht nicht.

Zurück über den Müllhaufen. Ich erwarte Ratten, Schlangen, Kakerlaken, riesige, denn genug Futter gäbe es hier ja. Doch keine Tiere. Zu laut? Ist es deshalb überhaupt so laut? Damit die Tiere in ihren Löchern bleiben, solange Kundschaft da ist? Streunende Katzen sehe ich. Völlig mager. Mit nur noch einem Drittel des Schwanzes. Fast alle Katzen laufen so rum. Beschnitten sozusagen. Die einzigen Tiere, sichtbaren. Wir entscheiden uns hier zu bleiben, hier irgendwo. Der Koch möchte mit einer Dame aufs Zimmer. Also laufen wir rum und schauen. Also der Koch speziell. Irgendwann wird er fündig. Ob die schon vierzehn ist, die er da mit aufs Zimmer nimmt? Oder die ihn mitnimmt? Die ganze Gruppe vor dieser Kneipe scheint noch sehr jung zu sein. Ich frage nicht nach, wie alt sie sind. Ich bin überhaupt nicht mehr fähig, irgendeine Entscheidung zu treffen. Stimmt nicht.

1. Ich werde mit keiner Frau und schon gar nicht

mit einem dieser Mädchen aufs Zimmer gehen.
2. Ich will zurück aufs Schiff.
Das sind doch Entscheidungen. Nur will ich nicht
allein zurück zum Schiff gefahren werden, aus bekannten Gründen.
Also warte ich. Sitze auf einer Steinbank vor der
Kneipe. Neben mir der Steward. Gegenüber der
Messman. Der sitzt zwischen den Frauen. Den
Mädchen. Angefasst wird nicht. Angelächelt. Die
einzigen, die drängeln, sind die Fahrer. Die kommen alle paar Minuten und wollen, dass man mit
einer aufs Zimmer geht. Eine lächelt mir ständig
zu. Ein schönes, offenes Lächeln. Ich erwidere das
auch, doch verweigere ich das Mitgehen. Jetzt gehen auch der Steward und der Messman mit ihren
Mädchen aufs Zimmer. Na gut, sitze ich eben allein
da rum und warte. Hinter mir, an so etwas wie einer Dachrinne, ein paar Zentimeter vom Kopf weg,
klettert eine Kakerlake nach oben, ca. 5 cm lang.
Oder länger? Faszinierende Geschöpfe. Ich setze
mich aber trotzdem auf die andere Gassenseite.
Der Chef bearbeitet mich erneut, doch auf ein
Zimmer mit einem Mädel zu gehen. Wieder muss
ich schreien. NO! Es kommt an, doch er will eine
Begründung, also eine gespielte. Also einen wirkli-
chen Grund, warum ich nicht will, will er nicht. Er
will nur wissen, mit wem ich will oder ob ich vielleicht eine spezielle Vorliebe habe, die er mir mit
einem Ortswechsel erfüllen kann. Ich könnte ihm
gar keine wirkliche Begründung liefern. Natürlich
würde ich gerne mit einer Frau schlafen, es ist immerhin drei Monate her, meine Sehnsucht danach

154

ist riesengroß, mein Bedürfnis nach Zärtlichkeit, nach dem Geruch einer Frau, den gemeinsamen Bewegungen, dem Geschmack, dem Seufzen und Stöhnen, meine Sinne jubeln in jeder Form, doch hier sind nur Gedanken an Krankheit da, an Dreck und daran, dass ich nicht losgefahren bin, um mit einem 12 oder 14 jährigen Mädchen ins Bett zu gehen. Selbst wenn ich jetzt das Lokal wechselte, der Gedanke an Hepatitis und Aids verschwindet nicht. Meine Fahrer können das nicht, oder wollen das nicht verstehen. Ist mir aber auch egal, Hauptsache sie lassen mich in Ruhe. Ein Ehepaar geht vorbei. Sie etwa 80 Jahre alt, er mindestens auch. Sie vorneweg, er linke Hand auf ihrer rechten Schulter, in der rechten Hand einen Stock. Sie schwankt hin und her, nicht weil sie betrunken ist, sondern alles sehen möchte. Auch mich schaut sie intensiv an. Ohne Kommentar. Schaut nur mit alten Augen. Schaut und wankt weiter. Und er jeden Schlenker mitmachend, er ist fast blind. Zwei neugierig symbiotisch alte Menschen unterwegs. In ihrer Nähe eine Katze, abgemagert mit Drittelschwanz. Wie bei uns in Deutschland sind auch hier Verkäufer unterwegs. Frauen und Männer. Keine Rosen. Einerseits mit Polaroidfotoapparaten, andererseits mit selbstgebastelten Pappkartons, mit atemberaubenden Halterungen für den Inhalt. Ähnliche Kästen wie die Eisverkäufer bei uns im Kino, nur eben individuell abenteuerlich. Inhalt: Zigaretten, Hustenbonbons, Kaugummi. Dazu oft noch eine Tüte mit drei Mandarinen oder lycheeartigen Früchten. Und es kommt so oft ein Verkäufer vorbei, dass man zum Wackelkopf wird, nur durch Nein sagen. Oder besser zeigen. Wenigstens heißt Kopfschütteln hier auch nein. Es ist irgendwie schrecklich: ich möchte nur noch in Ruhe gelassen werden, gleichzeitig bin ich neugierig, drittens schäme ich mich hier zu sein und viertens, als einziger Weißer oder Europäer oder als was auch immer man mich bezeichnet, komme ich mir vor wie ein Tier im Zoo. Unangenehm. Und ungewöhnlich ist: mit meinen 172 cm Körpergröße bin ich der längste Mensch weit und breit. Vollkommen unbekannt für mich.

Der Koch braucht lang. Der Messman kommt schon wieder. Seit er gegangen ist, sind nur zwei bis drei Minuten vergangen. Warum? Er war auf dem Zimmer und hat festgestellt, dass er das Mädchen doch nicht mag, so erzählt er mir. Der Steward erzählt mir später, er konnte die Frau nicht riechen und es war ihm zu dreckig, deshalb ist er gleich wieder umgedreht, hat aber das Mädchen bezahlt. Das wollen die Fahrer sofort wissen. Die bestürzen ihn und wollen wissen, was ist. Können nicht glauben, dass es so schnell gegangen ist. Wollen wissen, wem sie Vorwürfe zu machen haben. Der Messman nimmt die Schuld auf sich, das Mädchen in Schutz. Wir entschließen uns doch noch in die Kneipe nebenan zu gehen, wegen des Durstes und die Wartezeit muss überbrückt werden. Der Koch ist immer noch weg. Der Steward hält sich den Kopf, besser die Stirn. Er hat Kopfschmerzen. Er wollte sich massieren lassen, doch so erzählt er, sein Mädchen konnte das nicht wirklich gut. "Ob er denn auch mit ihr….?" "Nein, um Gottes Willen, er wolle gesund bleiben und die Präservative hier hätten eine schlechte Qualität." Das neben mir ein Mädchen sitzt, hinplatziert worden von einem Fahrer, muss ich wohl nicht erwähnen und dass die auch alle wieder da sind und Bier trinken. Wer fährt uns nachher? Der Chef, mein Fahrer, scheint wenigstens nicht zu trinken. "Mein Mädchen" ist wohl instruiert worden, mich auch zu berühren, jedenfalls drückt sie ihren Oberschenkel gegen meinen. Diese Berührung nehme ich gerne mit. Das Öffnen der Biere und auch der Rest läuft mit der gleichen Feierlichkeit ab wie zuvor. Der Koch erscheint. Sein Mädchen hat ihm ein Foto von sich gegeben. Ein Schnappschuss, irgendwo aufgenommen, noch eine weitere Person ist drauf, die Schwester? In eine Plastikhülle verpackt sieht es aus wie ein Werbegeschenk, im Sinne von: waren Sie mit unserem Service zufrieden? Beehren sie uns wieder oder empfehlen Sie uns weiter. Wir zahlen ähnlich viel an den Wirt und brechen auf. Unsere Kolonne begibt sich Richtung Ausgang. Das Mädchen, das in dieser Kneipe draußen saß und mich die ganze Zeit angelächelt hatte, sitzt nun umgezogen, privat, vor der Tür und schaut mich traurig, wütend an. Ich gebe ihr zu verstehen: tut mir leid, du warst, bist mir sympathisch, doch als wir uns hinein setzten, warst du nicht da und schon saß eine andere neben mir. Tut mir Leid und alles Gute. Das denke ich und gehe. Wenn auch nur ein wenig davon bei ihr angekommen ist, ist es gut. Es wird überall Feierabend gemacht. Es wird plötzlich leise, die Musik erstirbt zu geringer Lautstärke oder völlig. Die Eingänge sind doch verschließbar, wie jetzt erkennbar wird. Nur in wenigen Bars sind noch Menschen, noch weniger als auf dem Hinweg. Ab und zu betatscht mich noch eine Frau. Gut, dass der Chef vorne weg geht, ich hätte den Weg zu den Rollern, zum Ausgang nicht gefunden. Jetzt, wo wir über die Wasserrohre steigen, schon. Wir tauchen wieder ein in den Ein- und Ausgangstunnel. Spießrutenlaufen. Die Blicke der Menschen. Ich komme mir vor, als würde ich ungebeten durch deren Flur latschen. Es scheinen sich sehr wenig Europäer hierhin zu verirren. Dieser Puff ist wohl der Billige. Deshalb wollte mich der Chef ja auch woanders hinbringen. Auf dem Schiff war immer von einem Preis von 30 Dollar die Rede gewesen. Heute Abend wurden 10 Dollar fürs Zimmer und 10 Dollar fürs Mädchen bezahlt. Das sei ja sogar noch billiger als in Südamerika, höre ich am nächsten Tag. Überhaupt ist es bei Seeleuten üblich, auf den Preis zu schauen. Klar, tue ich auch, aber bei den Seeleuten ist alles gut, was billig ist. Und alle Orte werden auch danach eingeteilt. Die Orte, in denen irgendetwas billig ist, sind gut, alle anderen sind schlecht, weil sie teuer sind, so einfach ist das. Das heißt, Seeleute holen sich ihre Krankheiten wenigstens billig! Wäre ja auch noch schöner, erst krank werden und sich dann noch darüber ärgern, dass es dort passierte, wo es einen Dollar teurer war als nebenan. Dieser Eindruck entsteht mir jedenfalls bei den Gesprächen mit den meisten der Seeleute an Bord. Wir stehen am Ausgang, beglotzt, und warten darauf, dass unsere Motorroller startklar gemacht werden. Von unseren Fahrern, die auch Reiseleiter, Bodyguards, Zuhälter sind. Immer wenn einer von uns auscherte, vielleicht um zu sehen, wie es dort aussieht, einer von uns mit einem Mädchen ging, oder, wie ich am Schluss, nur aufs Klo wollte, immer war einer der vier in der Nähe. Als ich den Wirt fragte, wo das Klo ist, stand schon einer der vier hinter mir. Ich dachte für einen Moment, er wollte mit aufs Klo und aufpassen, dass ich nicht durch den Abfluss verschwinde. Ich konnte ihn dazu bewegen, draußen zu bleiben. So Aufpasser sind unangenehm, vor allem weil man nie genau weiß, was sie wollen. Mit deren Englischkenntnissen war es letztendlich doch nicht so weit her. Und ständig das Gefühl zu haben, keine freie Entscheidung treffen zu können. Ich war froh, wieder auf dem Motorroller zu sitzen und, hoffentlich, zum Schiff zurück gebracht zu werden. Auf dem Weg dahin immer noch unzählige Menschen unterwegs. Am Straßenrand die Kleinhändler mit ihren uniformen Verkaufswagen.

Mir fiel Herr Roggenbach ein, der mich bestimmt beim Frühstück als erstes fragen würde, ob ich eine deutsche Zeitung bekommen hätte. Ich musste lachen. Beim Frühstück war die Zeitungsfrage dann tatsächlich die zweite Frage. Die erste war, ob ich an Land gewesen sei.

Ich achtete hinten auf dem Motorroller darauf, ob ich den Weg wiedererkennen würde. Doch keine Chance. Alles sah so gleich aus. Doch dann auf der Hauptstraße erkannte ich die eine Disco wieder.

Deren Leuchtreklame wurde gerade gelöscht, als wir vorbeifuhren. Am Tor des Hafengeländes mussten wir wieder warten, einer der Männer in Uniform holte sein Motorrad und stand neben uns und erklärte mir, dass er ein Freund von Bruce sei, einem unserer Matrosen, der würde ihn immer mit Softdrinks versorgen. War das jetzt eine Aufforderung, ihn auch irgendwie zu beschenken? Oder bestechen? Dafür, dass er mich gleich zum Schiff fahren würde? Der Chef musste ins Gebäude und wieder raus und irgendwann dann endlich wollte er zehn Dollar von mir, die ich ihm schnell gab und mit dem Uniformierten verschwand. Die anderen drei waren inzwischen an uns vorbeigerauscht und warteten am Schiff auf mich. Wie nett. Sie wollten wissen, wieviel ich bezahlt hatte, ebenso viel wie sie, und sie hatten sich gewundert, wo ich bleibe. Die Story mit dem Chef erzählte ich kurz, dann gab ich ihnen zehn Dollar für meinen Anteil an den Getränken, denn sie hatten jeweils die Rechnung beglichen. Ich drängte ihnen das Geld förmlich auf. Sie wollten mich einladen. Dann bin ich nur schnell noch die Treppe hoch. Carsten, der zweite Offizier, wollte hören, habe ihm aber nur kurz berichtet, berichten können. Ich war zu beeindruckt. Immer noch Händler an Bord. Wieder sollte ich etwas kaufen, was ich gar nicht wollte. Bin ins Bett gefallen. Nein, vorher noch war ich im Bad. Aus meinen Augen wischte ich einen Schmierfilm heraus, Öl, schwarz. Das Wasser der Gesichtswäsche war schwarz. Meine Klamotten stanken. Ich hatte nicht geraucht. Erfolg. Fazit dieses Abends: nie möchte ich ihn als Erfahrung missen, nie möchte ich dort wieder hin. Gute Nacht.

19.03.1998

Nach wenigen Stunden war ich wieder wach. Der Abend ratterte durch mein Hirn. Hunger meldete sich. Lang und ausgiebig gefrühstückt. Versucht, übers Erzählen ein bisschen runterzukommen. Große Augen schauen mich an. Die Einen sind erstaunt darüber, was ich erlebt habe, Andere, dass ich das überhaupt gemacht habe, und wieder Andere: "Na ja, sowas hab ich in anderen Häfen schon ganz anders erlebt." Und Herr Roggenbach eben mit seinen Fragen. Er hat tatsächlich nur die zwei gestellt. Vielleicht bemerkt er doch noch bestimmte Dinge. Ich überlege, was ich tun soll. Noch mal an

Land gehen oder hier bleiben. Schade, dass Sintas Bruder nicht da ist. Dann höre ich über Frank von der Absicht des Elektrikers Andrjez, an Land gehen zu wollen. Bis ich ihn gefunden habe vergeht Zeit, dann aber geht es relativ flott. Wir gehen Richtung Tor, werden aber zwischendurch aufgegabelt von Motorrollern und für einen Dollar zum Tor gebracht bzw. zur Hauptstraße. Dort steigen wir ab und werden von Menschen, die dort an der Hauptstraße sitzen, beglotzt. Warum? I don´t know. Die Straße ist voll. LKWs, Busse, Autos und Zweirädriges. Noch voller als am Abend. Das nächste Taxi ist unser. Der Fahrer spricht kein Englisch. Oder nur sehr wenig. Aber dass wir in die City von Djakarta, in ein Shoppingcenter, wollen, das versteht er. Andrjez will für seine Frau ein Goldarmband kaufen. Gold ist billig in Djakarta.

Wie die Menschen hier leben! An und auf der Straße. Mit und von der Straße. Händler am Rand, Händler auf der Straße an den Ampeln, Straßenfeger, die kleinen rollbaren Kioske. An den Ampeln sind es Wasserflaschen und Zigaretten, die angeboten werden. Die meisten Menschen sind vermummt bis zur Unkenntlichkeit. Nur die Augen schauen heraus. Abenteuerliche Tuchkonstruktionen schützen vor Staub und Abgasen. Besonders die Straßenfeger oder –innen. Vollkommen in Orange verpackt. Lärm, Dreck. Es setzt sich fort. Und das bei großer Hitze. Nach über halbstündiger Fahrt erreichen wir einen Shopping Center. Ob es schon die Innenstadt von Djakarta ist, weiß ich nicht. Wir steigen aus und gehen hinein. Groß und kühl und andere Welt. Auch mal andere Marken, aber in der Hauptsache die bekannten. Die Welt des Konsums ist globalisiert. Nach langem Suchen findet Andrjez ein Armband, dass auch lang genug ist. 20 cm, hat seine Frau gesagt, soll es lang sein. Die meisten hier sind nur 16-18 cm lang. Die Frauen hier sind nun einmal zierlicher, auch an den Handgelenken, als Polinnen. Oder Europäerinnen allgemein. Freue mich für Andrjez. Wieder einmal stelle ich fest, dass mir Gold nichts sagt. Ein glänzendes goldenes Metall. Na und? Wir haben noch eine knappe halbe Stunde an Zeit übrig, die schlendern wir durch die Gegend. Andrjez entdeckt noch einen billigen Gürtel, ich auch und ich kaufe mir eine Badehose mit Anker drauf. Das richtige Motiv für einen richtigen Seemann. Haha! Rückfahrt zum Schiff. Habe meine letzten Rupien für einen Kaffee bei McDonalds ausgegeben. Die Bedienung hat sich riesig über das Trinkgeld von etwa 7 Pfennig gefreut. Ich wollte keine Münzen mitnehmen. Am Tor angekommen, möchte uns ein Fahrradtaxifahrer sein Geschäft anbieten, doch wir haben beide überhaupt kein kleines Geld mehr. Weder Rupie, noch Dollar. Die Motorrollerfahrer winken auch, doch wir gehen zu Fuß. Zwischen den Fahrern grinst mich einer in Uniform an und jetzt erkenne ich ihn: einer der Fahrer der letzten Nacht, arbeitet als Pförtner oder Zöllner oder wie auch immer sich diese Position nennt, hier am Tor. Schicke Uniform und ausgeschlafen. Hätte ich das gestern Abend gewusst, hätte ich den Abend beruhigter verbracht. Ganz sicher. Sicher? Wahrscheinlich.

Natürlich verzögert sich unsere Abfahrt wieder.
Kann ich halt noch ein paar Bilder vom Kai und
den Schiffen drumherum machen. Und von gegenüber unseres Kais. Da ist, von uns durch einen
kleinen Kanal getrennt, eine Hütte, an der stehen
viele Fässer und die werden von kleinen Dschunken auf Pick-Ups geladen. Und die Dschunken
bringen Menschen vorbei, Minifährhafen, und auf
den Schiffen, die dort liegen, wohnen Menschen
und auf der freien Fläche hat sich hinten an der
Wand ein Mann eine Wellblechhütte hingebaut.
Darin lebt er. Der Motorroller vor der Tür. Gegen
Abend, kurz vorm Auslaufen, leider nicht im Hellen, ich hätte gerne noch mehr gefilmt, schalte ich
noch mal mein Handy ein, vielleicht hat ja jemand
eine Nachricht hinterlassen. Und tatsächlich. Es ist
Sinta. Sie ist bei ihren Eltern in Djakarta. Und wir
hätten uns treffen können, wenn ich mein Handy
heute Morgen eingeschaltet gehabt hätte. Ich rufe
sie an. Leider ist es zu spät, um sich noch zu sehen.
Es würde eineinhalb Stunden dauern mit dem Auto, bis sie am Hafen wäre. Bis dahin sind wir schon
ausgelaufen. Schade. Ich erzähle ihr von gestern
Abend. Sie mir von ihrer Jugend, als sie verboten-
erweise auch in der Hafengegend unterwegs war.
Ich bin nicht allein mit meinen Erfahrungen, das ist
gut. Sinta und ich werden uns in Hamburg wieder
zum Tee treffen. Kurz vor dem Auslaufen bin ich
auf der Brücke, der Kapitän wartet auf den Lotsen.
Er ist hochgradig nervös, oder besser, er ist stink-
sauer. Nichts hat geklappt in diesem Hafen. Vom
Ein- bis zum Auslaufen, von der Ladung bis über

das Bunkern bzw. das Loswerden von Sludge, das ist der Abfall, der in der Maschine erzeugt wird. Alles was möglich war, ging daneben und das hat auch diesen eher ruhigen, besonnenen Mann aus der Fassung gebracht. Ein passender kleiner "Höhepunkt" zum Abschluss ist: mitten in der Fahrrinne ankert ein kleiner Frachter, Kümo, ohne jede Beleuchtung. Nur durch Radar, Erfahrung und beste Augen wird ein Unglück verhindert.

20.03.1998

Djakarta liegt hinter uns. Ich kann es nicht wirklich fassen, was dort alles passiert ist. Muss ich auch nicht. Noch nicht. Wir fahren an Inseln vorbei. Tropische Inseln. Fischerboote en masse. Wieder eine Meerenge, in der Piraterie durchaus möglich ist. Doch wir kommen durch ohne Belästigung. Alles an Bord geht seinen gewohnten Gang. Jimmys vorletzter Tag. Er ist natürlich froh. Ich finde es ein bisschen schade, doch so ist das Seemannsleben, ein wenig wie die Schauspielerei, kurze intensive Zeiten des Miteinander und schon wieder Trennung und ob man sich je wieder begegnet, ist die Frage. Dieser Tag wie auch die nächsten folgenden ist geprägt vom Schreiben. Der Versuch Djakarta in Worte zu fassen.

21.03.1998

Schlecht geschlafen. Wenig geschlafen. Ich bin vollkommen aufgedreht. Wir ankern in Singapur.

Nur wenige Meilen vor der Stadt. Dies ist auch Asien da vor mir, doch die Skyline ist eine weltweite. Vollkommen unerkennbar, wo ich bin. Es sei denn, man lernt die Silhouetten der Wolkenkratzerstädte der Welt auswendig. Immer von See aus. Immer in einem bestimmten Winkel. Wenn man das dann alles gelernt hat, kann man bei "Wetten dass…" auftreten. Singapur ist modern, sagt man und von der Ferne könnte ich das sofort unterschreiben. Trinke meinen letzten 10 Uhr Kaffee bei Jimmy. Auch ich wäre heute eigentlich von Bord gegangen. Ja, heute.

Nicht weit entfernt ankert ein weiteres Schiff der Reederei. Selbes blau und beige wie wir, nur ein bisschen größer. Ist an einen anderen Charterer vermietet. Fährt auch einen langen Törn. Südamerika Ost – Südafrika – Singapur – Hongkong – Japan – Südamerika West und zurück. Frank versucht über Sprechfunk, jemanden auf dem Schiff zu erreichen, den zweiten Offizier am liebsten, mit dem ist er schon gefahren. Aber auch mit dem Kapitän und mit dem hatte er mal richtig Ärger. Einer von beiden wäre fast entlassen worden aus der Firma. Und dieser Kapitän ist auf der Brücke und antwortet nicht. Frank ruft und ruft, doch es bleibt bei keiner Antwort. Nur der Kapitän steht in der Tür und verdrückt sich bei Sicht nach Innen. Doch da, ein Matrose steht auf der Reling und winkt, vielleicht kennt er jemanden von unserer Crew. So ist es, einer unserer Tuvalus steht unten und winkt zurück. So nah und doch so fern! Gegen 14.00 Uhr laufen wir ein ins Hafenbecken. Die Einfahrt ist kurz. Durch einen Wald von Containerbrücken. So viele, das ist neu. Wie auf einem Bahnhof geht es zu, Schiff rein, Schiff raus. Und große Pötte. Europa-Asien, hier ist einer der Schnittpunkte. Der viertgrößte Hafen der Welt, wie es heißt, klar, dass es dort brummt. Herr Kossak zeigt auf ein Hochhaus. Dort hat er gewohnt, als er in Singapur gearbeitet hat. Im 35. Stock.

Sanftes Anlegen, wie immer. Bald danach ist Landgang möglich. Wir liegen nur wenige Meter vom Tor entfernt. Singapur, kleiner als Hamburg, fast doppelt so viele Einwohner, selbständiger Staat, der angeblich sauberste der Welt. Und angeblich einer der sichersten. Darum nehme ich auch die Kamera mit. Laufe durch das World Trade Center zur Seilbahn. Vorbei an der Einschiffungsstelle für Passagierschiffe. Wenn ich die Menschen auf diesen Schiffen da sehe, weiß ich wieder, warum ich hier bin. Zwar einsamer, aber deutlich persönlicher und individueller. Der einzige Vorteil auf einem Traumschiff: es gibt Frauen!

Ich fahre mit der Seilbahn nach Sentosa. Eine Insel, der großen Insel Singapur vorgelagert. DIE Vergnügungsinsel. Früheres Fort, Aquarium, Badestrand, botanischer Garten, asiatisches Dorf.

Natürlich habe ich vorher wieder Geld gewechselt. Ich plädiere wirklich für eine Einheitswährung, aber dann wäre ja kein Geld mit Devisengeschäften zu verdienen. Schlecht für die, die mit Geld Geld verdienen.

Neunzig Prozent aller Singapurianer wohnen in Hochhäusern. Sonst könnte man die Bevölkerung

nicht unterbringen. Und sicher werden sie alle eine
Klimaanlage haben. Ohne die läuft nichts. "It´s not
the temperature, it´s the humidity", lese ich später
in der Stadt an einem Messgerät. 78 % beträgt die
Luftfeuchtigkeit an diesem Tag. Das geht noch. Es
ist sogar noch erträglich. Klar ist man völlig verschwitzt, immerhin sind es 30° C, aber es könnte
schlimmer sein. Nach dem Blick von oben aus der
Seilbahn, der von mittendrin. Chinesenviertel "his-
torisch" steht an einem Schild. Nur ein Tempel,
heruntergekommen, und ein Wohnhaus, alt, zeugen
davon. Der Rest an Häusern ist auch alt, zumindest
die Fassaden. Innen sind Büros, Agenturen, Anwäl-
te. Südeuropäisch aussehend, obwohl südasiatisch.
Leider wird es dunkel, filmen ist nicht mehr möglich. Keine Stadtbilder mehr. Außerdem bin ich
enttäuscht. Von historischen Orten sind nur wenige
noch vorhanden. Hochhäuser ohne Ende und es
wird immer noch gebaut und zwischen diesen her-
umzulaufen, macht trübsinnig. Denn es gibt nur
Garageneinfahrten und Eingänge, die allerdings
gesperrt sind, was will ich auch da drin. Erdrückend
diese Betonriesen und kein schöner Ort zu finden.
Hunger. Soll ich zu McDonalds? Nein, es muss
doch irgendwo was Einheimisches geben. Dann
endlich zwischen diesen Betonriesen taucht Boat
Quay auf. Eine alte Straße am Fluss. Touristenvier-
tel. Restaurant an Restaurant. Jeder Couleur. Für
Touristen eingerichtet. Also für Leute wie mich.
Ich setze mich in ein singapurianisches Restaurant
und esse meine erste Krabbe. Gut handgroß, in
Tomatensauce, viel Handarbeit, an das Fleisch her-

an zu kommen. Aber lecker. Neben mir am Tisch
ein Schweizer Pärchen. In Singapur diese Sprache
zu hören ist seltsam witzig. Gerade als ich meine
Finger in die Krabbe und damit in die Sauce einge-
taucht habe, es geht nur mit der Hand zu essen und
einer Art Nussknacker, der mir beigelegt wird,
kommt eine Handleserin und bietet ihre Dienste
an. Ich zeige ihr meine tomatenverschmierten
Hände, sie verspricht wiederzukommen. Während
des Essens denke ich natürlich viel daran, was sie
mir wohl sagen wird. Es ist eine Frau um die vierzig. In ihren Adern dürfte Blut aus ostasiatischen,
indischen und europäischen Vorfahren fließen. Sie
ist schick angezogen, leichtes enges weißblaues
Kostüm mit kurzen Ärmeln. Nichts Hokuspokus-
haftes. Eher geschäftsmäßig. Sie erklärt mir kurz
die Bedeutung der Linien. Stellt fest, dass ich sehr
alt werde, noch ein Kind zeuge und bald, wenn ich
44 oder 45 bin, die große Liebe meines Lebens
treffen werde. Mit der dann auch gemeinsam alt
werde. Ich werde viel Geld verdienen und ebenso
wieder ausgeben. Und ich werde ein sehr angenehmes Leben haben, weil meine Offenheit und
Freundlichkeit erkannt und geschätzt wird. Schön
ist dieser letzte Satz. Eine Frau, die mich nicht
kennt und für fünf Minuten meine Hände nimmt
und mir in die Augen schaut, spricht von meiner
Offenheit und Freundlichkeit. Und meiner Energie.
Beschwingt verlasse ich diesen Ort. Plötzlich fällt
mir ein, dass ich Frank versprochen habe, Hustenbonbons mitzubringen, habe ich schon mal vergessen. Also diesmal aber! Und schon verschlechtert

sich meine Laune, weil ich nach etwas auf die Suche gehen muss, was mit Öffnungszeiten zu tun hat und konkret ist. Ich hätte mich am Liebsten weiter treiben lassen. Vor allem, es ist etwa 21.00 Uhr am Samstagabend in einer wildfremden Stadt. Hustenbonbons!

Laufe wieder durch Betonschluchten und bin genervt. Kann mir selber aber nicht einfach sagen: lass es. Sag Frank einfach: hast keine gekriegt, fertig. Das lässt mir mein Gewissen nicht zu, nachdem ich es eben schon einmal vergessen hatte. Und da tatsächlich leuchten Lichter. Ein Markt oder ähnliches. Es ist ein Markt. Und was für einer. Scheint eine Halle aus der Jahrhundertwende zu sein. Sternförmig gebaut. Fünf oder sechs Gänge. Sowohl links wie rechts Garküchen. Selbstbedienungsläden. Man holt sich das Essen und sitzt in den Mittelgängen oder in der Mitte des Sterns. Die Küchenvielfalt der Welt trifft sich hier. Hauptsächlich asiatisch, aber auch arabisch und europäisch. Außen herum Kleidung, Geschenke, ein Masseur. Und Hustenbonbons! Hier lässt es sich aufhalten und ich bin beruhigt. Dann mit dem Taxi eine kleine Rundfahrt, vorbei am Raffles Hotel, wohl einem der exklusivsten Hotels der Welt, zum Bugis Junction. Früher das Viertel. Heute sauber und ordentlich, auch hier Restaurants, Plätze, Geschäfte. Jetzt gegen 23 oder 24 Uhr schließen die Buden. Ich setzte mich und telefoniere. Will zuhause anrufen, mit meiner Mutter sprechen. Meine Schwägerin ist am Apparat und sie ist genervt, weil sie geweckt wurde, durch mich. Wenn ich einen Anruf aus Singapur

bekäme, würde ich mich freuen, egal zu welcher
Uhrzeit und ich rufe nach deutscher Zeit um 16.00
Uhr an. Nun gut. Oder eher nicht gut. Mutter und
Vater sind nicht da. Dann nehme ich mir ein Fahrrad, also eine Rikscha. Fahrrad mit Beiwagen besser. Lasse mich von Jack durch die Gegend fahren.
Seine Eltern waren Inder, aber er ist hier geboren.
Sightseeing mitten in der Nacht. Er fährt mich
noch nach Little India. Dort ist auch, und mir
scheint, er kennt da jemanden spezielles, der Puff.
Ich bedanke mich dafür, verzichte aber auch hier
darauf. Außerdem hätte ich ihn wohl vorher fragen
sollen, was so eine Tour kostet. Die 30 Dollar sind
doch ganz schön happig, aber na ja, für diese Art
der Fortbewegung ist es wohl angemessen. Er ist,
als er mich an einer Kneipe absetzt, in der ich mein
Abschlussbier trinke, völlig fertig und verschwitzt.
Tiger Beer gibt es hier, das Glas nehme ich mit.
Und auch eine kleine Schachtel Zigaretten. Ja leider.
Vom Schiff aus telefoniere ich dann noch weiter
mit dem Handy. Ob wohl diese Gebühren mir den
Schreck der Reise versetzen werden? Kann nicht
schlafen. Es ist halb drei und ich gehe noch mal auf
die Brücke und frage Carsten, wann wir auslaufen.
Gegen fünf Uhr wird es wohl sein. Das ist mir
dann doch zu lang. Gegen drei Uhr morgens liege
ich also in Singapur im Bett. Als ich am Sonntag-
morgen aufwache, sind wir schon aus dem Hafen
raus. Liegen vor Anker und warten auf die Sludge
Barge. Also wird der Dreck der Maschine heute
Morgen abgeholt. Hier, im Gegensatz zu Djakarta,

klappt es.

Singapur in 10 Stunden. Eine moderne Weltstadt. Doch ein spezifisches Gesicht habe ich vermisst. Oder nicht gefunden.

22.03.1998

Frühschoppen ist heute nicht, weil gearbeitet wird. Ein neuer dritter Offizier ist da, Pedro, auch von den Philippinen. Ich hatte vor ein paar Tagen versprochen, am Sonntag einen Apfelkuchen zu backen. Nun ist es so weit. Ich bin zwar hundemüde nach dieser kurzen Nacht, aber ich tue es. Es gelingt mir einigermaßen. Arbeite in der Küche und stelle fest, dass ich schon sauberere Küchen gesehen habe. Nun ja. Ich esse übrigens inzwischen auch keinen Fisch mehr. Schmeckt mir nicht, obwohl es der in Auckland geangelte ist, doch der ist muffig. Ja, sonst ist Sonntag. Also ab Mittag, da lichten wir den Anker, wird einfach nur gefahren. Durch die Malakkastraße nach Colombo. Viel Verkehr. Verkehrstrennungsgebiet. Richtig rechts fahren, wie auf einer Straße. Ist überall da auf der Welt, wo es eng ist. Ärmelkanal, Nordsee, Gibraltar usw. Und hier. Sicherheit wird groß geschrieben. Wie gut. Ruhige See.

23.03.-25.03.1998

Keine besonderen Vorkommnisse. Außer schreiben über Djakarta. Fünfzig Seiten habe ich gezählt. Am 25. abends einlaufen in Colombo.

26.03.1998

Immer noch, oder wieder schlafe ich schlecht.
Kurz. Wache auf in der Nacht. Bin verkrampft.
Will nachhause. Tja, ich Idiot, hätte schön in Singapur Adieu sagen können, so wie eigentlich geplant. Doch nein, kann die Schnauze einfach nicht
vollkriegen. Ist das eigentlich eine positive Eigen-
schaft?
Hier will ich an Land. Mein letzter Landgang. Der
nächste wird aber dann tatsächlich mein Abgang
sein, in Genua. Was mache ich in Colombo? Aufs
Land fahren? Kandy? Es wird ein Tag mit Herrn
Kossak werden. Eigentlich sollten wir um 12.00
Uhr mittags schon wieder auslaufen, doch wird es
später, jetzt am Morgen schon klar. Es geht doch
auch mal andersrum. Minimum 16.00 Uhr. Herr
Kossak erkundigt sich beim Agenten. Kandy würde
drei Stunden Fahrt sein, eine Tour. Zu lang für uns.
Wir nehmen unsere Sachen, er seine alte Voigtlän-
der, ich meine neue Panasonic und wir stapfen los.
Am Tor wird gefragt, wo wir hinwollen und unsere
Landgangstickets kontrolliert. Wir fragen nach einem Taxi und der Touristeninformation. Bekommen nur unverständliches Grinsen zu sehen. Wenn
Menschen in Uniform in einem fremden Land, in
dem eigentlich fast alle Englisch sprechen, weil
früher englische Kolonie, einen nicht verstehen,
dann fängt man immer an zu zweifeln, ob das, was
die einem antworten, irgendwas mit dem zu tun
hat, was man gefragt hat. Und wenn diese Menschen in Uniform noch nie das Wort Tourist ge-

hört haben, in einem Land, das davon zum großen Teil lebt, dann stimmt irgendwas nicht. Eher mit uns, weil, was machen wir da? Kann man jemandem einen Vorwurf machen, nur weil er das Wort Tourist nicht kennt? Nein. Möglicherweise hat dieser Mann andere Bedürfnisse und Sorgen als wir. Wie viele Menschen in Deutschland, die Uniform tragen und solche Posten haben, sprechen englisch? Würde mich mal interessieren. Ein Taxifahrer hat uns beobachtet. Er kommt von der anderen Straßenseite herüber und bietet seine Dienste an. Herr Kossak übernimmt die Verhandlungen. Das kann er. Ist es wohl auch gewohnt durch die Hafenaufenthalte. Wir nehmen ihn. Steigen in seinen Minibus. Und los geht's. Fremde Stadt, fremdes Land, fremde Mentalität und immer noch fremd sein, als Seemann behandelt zu werden, wobei eher als mindestens Kapitän, wenn nicht Eigner des Schiffes oder so. Ich scheine den Eindruck zu machen, viel Geld zu haben, dabei trage ich ein stinknormales T-Shirt und Jeans, meine Wildlederschlappen und meinen Minirucksack, das sieht wohl merkwürdig aus. Nun gut. Die erste Polizeikontrolle passieren wir nach zweihundert Metern. Es folgen drei weitere bis wir aus dem Hafengelände draußen sind. Erst vor etwa vier Wochen ist hier mitten in der Stadt eine Bombe hochgegangen. Es hat einige Tote gegeben. Den Hafen als Haupteinnahmequelle scheinen sie besonders zu schützen. Filmen darf ich nicht. Unser Fahrer wird erkannt. Und trotzdem müssen er und wir unsere Pässe vorlegen. Wobei wir wirklich nicht so interessant zu sein scheinen.

Es sind auch nicht einfach nur Kontrollen. Da stehen Menschen in schusssicherer Weste hinter Sandsackständen. Straßensperren könnten in Sekunden errichtet werden. Und es sind jeweils viele Polizisten oder Soldaten. Nie nur zwei oder drei, Minimum acht bis zehn sichtbare. Und alle tragen Waffen. Auch Frauen sind in dieser Armee. Schwer, hier irgendjemanden zum Lächeln zu bringen. Mein Blick wird wahrgenommen, auch erwidert, doch lächeln ist - wenn nur ganz hinten im Auge - zu ahnen, hinter der offiziellen Sichtbarkeit. Vorbei am Parlamentsgebäude, darf ich nicht filmen, geht es in Richtung Travellers Office. Auch dies ist schwer bewacht. Frauen in einheitlichen Kleidern bedienen uns, in einem Kolonialgebäude. Schweres, altes, dunkles Holz und das in dieser Hitze, in diesen leuchtenden Farben rundherum. Oleander blüht, Palmen stehen überall, Orchideen. Warum erschießen sich hier die Singalesen und Tamilen? Die Buddhisten und Hinduisten? In diesem Land sieht es so aus, als gäbe es genug zu essen. Nur weil sie verschiedenen Glaubens sind? Ich verstehe es nicht. Paradiesisch schöne Landschaften und die Menschen zerstören gegenseitig ihre Grundlagen. Unbegreiflich. Und es ist ja nicht nur hier so. Geld und Religion. Hunger? Wohl auch, doch hier gibt es was zu essen. Man sieht es in den Geschäften. Ich sehe Bananen hängen und andere Früchte liegen. Orangen, Mangos, Avocados. Mag sein, dass vielen das Geld fehlt zum Kauf dieser Früchte, doch da sind sie. Mit unseren Informationen ziehen wir los, zunächst in die Deutsche Bank zum Geld tauschen. Schon komisch, da arbeiten alles Sri Lanker. Was sonst? Deutsche? Bei Toyota oder Honda in Deutschland arbeiten ja auch Deutsche! Klar. Und trotzdem ist der erste Moment irritierend. Legt sich dann schnell. Ist halt eine Bank wie überall. Klimatisiert, bewacht, kühl vom Interieur. Na ja, eine Bank eben. Oder kommen mir die Banken in dieser Gegend der Welt furchteinflößender vor? Abstoßender? Hat möglicherweise mit den Wachposten davor zu tun.

Als erstes wollen wir zu einem Tempel, den uns die Frau im Office empfohlen hat. Es ist ein Hindutempel. Blau, verspielt, der erste Eindruck. Der Eingang, der Turm, wie eine quadratische Hutschachtel. Außerdem viele Figuren. Menschenähnliche Wesen, tierähnliche Götter. Beeindruckend. Am Eingang Schuhe ausziehen und schon sind ein, zwei Leute um uns herum, die uns führen wollen. Doch ich bin so fasziniert von dem, was innen passiert, dass ich die Leute ignoriere. Innen findet eine Art Gottesdienst statt. Es ist laut, es qualmt. In einer Prozession wird in einen weiteren, wohl den eigentlichen Tempel, etwas hineingetragen, auf dem Kopf eines Mannes, der, den Oberkörper nackt, eine Schale auf dem Kopf balanciert. Trommeln, Tröten, Glocken. Links vom Eingang wird ungerührt weiter Holz bearbeitet, werden große Bretter gesägt. Auch hier innen sind gleich Männer da, die uns führen. Fotografieren sei erlaubt, also Kamera heraus und draufgehalten, aber aus der Hüfte, ich mag nicht nur durch das Gerät schauen. Außerdem scheue ich mich, die Gläubigen mit meinem Dritten

176

Auge zu stören. Mit meiner japanischen Kiste in Sri
Lanka. Doch die Menschen lassen sich durch uns
nicht stören. Viele Frauen. Alle mit dem Punkt auf
der Stirn. Hinduismus. Ich bin so aufgeregt, dass
ich nur mit offenem Mund, die Kamera in der
Hand, kaum bemerkend, dass ich sie überhaupt
habe, dem Lärm lausche. Der trägt auch zur Unru-
he bei. Laut, bunt, lärmend. Doch unglaublich erns-
te Gesichter. Feierliche. Überfeierlich erscheint es
mir. Auch eine Religion, in der irgendjemand mal
gelitten haben muss, oder immer noch leidet.
Da fällt mir noch eine Episode aus Singapur ein. In
Bugis Junction, direkt am Eingang zu einem Frei-
luftrestaurant, steht ein Hindutempel, eine Figur,
Shiva? Und viele, viele kleine Gaben. Kerzen, kleine Blüten, Elefanten, Räucherstäbchen. Dieser
Tempel, wie eine kleine Losbude, die Größe mei-
nend, steht da einfach so. Ich schaue ihn mir an
und bemerke, wie ich von einem der Tische beobachtet werde. Ein Mann, Bier trinkend, schaut zu
mir und lächelt, in dem Moment steht neben mir
ein total betrunkener Asiate und beginnt zu beten.
Die Hände aneinander gelegt, vor der Nase, die
Zeigefingerspitzen im Augenwinkel. Im Angesicht
der Göttin bekommt er sofort eine Leidensmiene.
Als würden alle Sünden der Welt und ebenso die
Leiden auf Schlag in seinen Augen sichtbar sein
und er dafür um Verzeihung bitten. Er ist so ernst
und gleichzeitig durch seinen Zustand so wackelig
auf den Beinen und vor allem muss er die Hände
ständig aus der heiligen, betenden Haltung entfer-
nen, weil seine Hose rutscht und er sie hochziehen

muss. Also er ist ernst, doch komischer geht es kaum. Der Mann am Tisch und ich lachen uns an. Unser Freund bemerkt nichts davon, er ist in seine Bethandlung vertieft. Mit einem letzten Ruck wird die Hose wieder hochgezogen und weiter geht's. Zum nächsten Bier? Er war übrigens der einzige Betrunkene den ich in Asien sah!

Die Haltung der Betenden hier in Colombo erinnert mich daran, auch hier ist es, obwohl alle nüchtern sind, überfeierlich. Auf mich wirkt es ein wenig lächerlich. Doch zunächst wird die heilige Flamme, dann das heilige Wasser mit Inbrunst inhaliert bzw. getrunken. Heilig, sündig, leidend, das sind meine Begriffe dafür, aus dem Christentum kommend, ich weiß nicht, ob die hier zutreffend sind.

Wieder draußen holen wir unsere Schuhe ab und sind sofort umringt von einigen Menschen. Ein paar wollen unser Geld ohne Gegenleistung, einige andere bieten uns etwas an. Einer, der ziemlich gut deutsch spricht, möchte, dass wir seine Kobra in den Arm nehmen und uns so fotografieren. Wir lehnen ab, obwohl die Kobra keine Zähne mehr hat. Dann vollführt er einen Zaubertrick und holt aus Herrn Kossaks Hose ein Ei hervor. Ein anderer versucht, uns Briefmarken zu verkaufen, mit totaler Leidensmiene, er hat es so nötig das Geld, seine Frau, seine Kinder, er ist hochprofessionell im Leiden, folgt mir auf die Straße, wo ich vom Tempel einige Bilder von außen machen möchte. Er folgt mir überall hin, am Auto drückt er mir die Briefmarken einfach in die Hand und sagt, ebenfalls auf Deutsch, dass diese Briefmarken mich im Hotel lediglich eine Cola kosten würden, doch für ihn wäre es viel, viel mehr. Alles leidend. Dann steht ein anderer Geldnehmer ohne Gegenleistung vor mir und hat diese schiefe Kopfhaltung und die Hände zur Schale geformt und mein Briefmarkenfreund wird brutal, für eine Sekunde nur, doch die arme Leidensmiene entgleist kurz, der andere wird weggestoßen und das mit aller Kraft und schon läuft wieder seine Tour. Wir sitzen inzwischen im Auto, Herr Kossak hatte auf seiner Seite zu tun. Das Irre ist, fängt man mal an, einem etwas zu geben, sind sofort noch mehr da, mit diesem professionellen Blick. Möglicherweise sind sie wirklich arm und natürlich könnte ich geben, doch irgendwas glaube ich ihnen nicht.

Weiter durch die Stadt. Als nächstes fährt er uns zu einem Buddhistentempel. Die Ruhe, die hier herrscht, ist fast paradiesisch. Auch hier Schuhe ausziehen, auch hier darf ich filmen. Alles wirkt hier freundlicher, offener. Vor allem Buddha. Seine Figuren, egal in welcher Haltung, wirken immer entspannt. Ob liegend, in Meditationshaltung oder offenen Auges. Die Götter der Hindus haben oft etwas kämpferisch Verkrampftes. Nee, nicht verkrampft, drängendes, forderndes. Buddha ist entspannt. Und die meisten anderen Figuren im Tempel ebenso. Gelblich orangenes Licht, durch die Art der Figur. Den Farbanstrich. Zwei Mönche im klassischen Orange. Sie wirken wie Intellektuelle einer europäischen Universität. Ernst. Der, der unsere Schuhe in Empfang nimmt und das Eintrittsgeld kassiert ist Katholik. Erzählt er uns später, als er die

Tür zum Allerheiligsten aufschlägt, der Kammer, in der die Geschenke aus Jahrhunderten aufbewahrt werden. Buddhafiguren aller Art, aus Jade, Porzellan, Elfenbein, Bronze. Alte Bücher aus Bambus und Palmblättern, angeblich bis zu 2000 Jahre alt. Ich sehe das alles, nehme es wahr und doch lässt es mich kalt. Ich kann nicht "boa eh" sagen oder ähnliche Geräusche von mir geben. Schon gar nicht beim Anblick des Elefanten, der im Hof steht, angebunden an Ketten und hospitalisierend. Er sieht beeindruckend aus und so nah dran war ich auch noch nie, doch auch erschreckend. Warum steht der hier? Und läuft nicht durch den Urwald mit Familie? Herr Kossak filmt mich. Mal wieder ein paar Bilder von mir in anderen Ländern. Überhaupt angenehm, mit ihm unterwegs zu sein. Wir ergänzen uns im Entdecken und Organisieren. Sri Lankrisches Nationalmuseum. Hunderte von Schülern, alle in Uniform. Weiß. Mit roter Krawatte. Neben den Ausstellungsstücken sind wir die Attraktion. Große Kinderaugen schauen und kichern. Und sie werden durch das Museum gejagt. Sehen sie etwas, was ihnen in Erinnerung bleibt? Oder geht es darum, einen Lehrplan abzuhaken? Wir dachten, besser ich, das die großen Museen dieser Welt klimatisiert sind. Pustekuchen! Riesige Hallen, große Säulen, sicher noch von den Engländern erbaut, doch Klimaanlage ist nicht. Wir entschließen uns nach dieser Kulturreise etwas für die Mägen zu tun. Zunächst trinken. Manchmal vergisst man das einfach. Warum? Es ist so heiß, dass jede Bewegung direkt zum Ausstoß von Flüssigkeit durch die Haut führt, neue Flüssigkeit aufnehmen ist also wichtig. Doch der Kulturhammer lässt es einen vergessen. Nun gut. Wir lassen uns zu einem Shopping Center fahren. Trinken und Essen. Ähnlich wie in Singapur. Selbstbedienung bei etwa fünfzehn verschiedenen Sorten Küchen. Von Burger bis scharf indisch. Herr Kossak ist begeistert, fühlt sich an seine Zeit in Singapur zurück erinnert, wo er ein Jahr gearbeitet hat und oft so gegessen hat. Er strahlt. Wegen des scharfen Essens sind seine Augen feucht. Er ist auch froh, an Land zu sein. Wer weiß, ob er jemals wieder nach Colombo kommt. So, es ist 14.30 Uhr. Um spätestens 16 Uhr müssen wir an Bord sein. Da hat Herr Kossak selbst die "Shore leave expire" angesetzt. Wäre ungünstig, käme er selbst zu spät. Also, was noch unternehmen? Mount Lavinia hören wir, soll ein schöner Ort sein. Liegt etwas außerhalb, aber wir fahren hin. Ich muss mir ja keine Gedanken machen wegen der rechtzeitigen Rückkehr. Denn wir stecken in einem Stau. Schule ist aus. In unendlich vielen Kleinbussen werden die Kinder abgeholt und nachhause gefahren. Für die normalen Linienbusse, eher ältere Modelle, muss man sportlich gesund sein. Die halten kaum, die Fahrgäste springen rauf und runter, während das Auto noch rollt. Wir erreichen Mount Lavinia. Eine wunderschöne Hotelanlage, direkt am Strand gelegen. Kolonialpracht. Marmor, soweit das Auge reicht. Eine Oase inmitten des asiatischen Trubels. So besonders reich scheinen die Menschen hier drin nicht zu sein, die Europäer und oder Amerikaner, doch es reicht wohl. Das sind die Plätze, wo ich mich frage, was ich in dem Land will, wenn ich meine Zeit am Pool verbringe, zwischen aseptischen, rot verbrannten Gleichgesinnten? Das kann ich doch auch zuhause haben. Oder? Ein Bild wie aus früheren Filmen. Hier in der Sonne ein sehr blasser Geschäftsmann, dort eine alleinliegende Frau, hier im Schatten ein fettbäuchiger Alkoholiker mit seinem Drink, die alleinliegende Frau beobachtend. Also auch diesen Blick, der zugegeben schön ist, haben wir genossen. Den Blick auf den Strand, meine ich, nein, den auf Frauen. Also mal wieder Frauen sehen, in Bikinis, ja doch. Da gab es was in meinem Leben, was auch ich mal hatte. Kirsten in Auckland fällt mir ein. Was wäre gewesen, wären wir länger dort geblieben? Seufz!

Am Tor des Hotels stehen die Portiers übrigens in schnieker weißer Kolonialuniform. Zeit ist ein Begriff, der wandelbar ist. Nun aber zurück zum Schiff. Ich bitte darum, nochmal am Hindutempel vorbei zu fahren, um ein paar Bilder von außen zu machen. Und unser Fahrer fährt uns an den Häusern vorbei, wo die letzten Bomben hochgegangen sind. Kaputte moderne Hochhäuser. Löcher gerissen in die Finanzwelt. Ich darf das alles nicht filmen, auch nicht die Unmengen von Militär. Ich tue es trotzdem. Leider werden die Aufnahmen nicht gut. Und ich habe Glück, dass ich meine Kamera noch habe, denn an einer Kontrollstelle schaut ein Polizist ins Auto, beugt sich hinein und sieht meine noch nicht verstaute Kamera. Er fragt den Fahrer, ob ich gefilmt habe, der sagt nein. Glück gehabt. Den Ernst der Lage mag ich wohl nicht ganz kapieren. Ich bin nicht Zuschauer einer Dokumentation im Fernsehen, sondern fahre tatsächlich hier entlang. Durch vier Kontrollen und über eine Rampe, wo geschaut wird, ob unter unserem Auto eine Bombe befestigt ist. Es im Fernsehen sehen oder tatsächlich erleben, ist ein Unterschied. Schwer begreifbar. Hier geht es tatsächlich um Leben und Tod. Punkt 16.00 Uhr sind wir an Bord und hören, dass wir vor 22.00 Uhr wohl nicht auslaufen. Gehe kurz auf die Kammer und dann noch mal los. Will mir irgendwo noch was einkaufen, Kaugummi oder Kekse oder ein bisschen Schokolade. Außerdem soll es auf dem Hafengelände einen Duty-free Shop geben. Kaum von Bord auf dem Kai, spricht mich ein Wachsoldat an. Er hat ein Gewehr in der Hand. Wo ich denn hin will? Da und da, ob ich das nicht darf? Doch, doch. Das sei da und da. Gut. Er begleitet mich ein Stück, um mir den Weg zu zeigen. Wahrscheinlich will er ein bisschen Geld von mir. Hier wollen alle dein Geld. So ist es. Als Europäer, und ich scheine reich auszusehen, könntest du sofort dein Geld rausrücken, ob mit oder ohne Gegenleistung. Auf dem Weg fragt er mich, nein bittet er mich, nein fordert er von mir, dass ich ihm aus dem Duty-free Shop eine Stange Zigaretten mitbringe. Er habe aber nur 2 Dollar. Heißt einfach: den Rest musst du mir schenken! So einfach ist das. Er verabredet sich mit mir für eine Stunde später wieder hier, an dem Punkt, wo ich jetzt abbiegen muss. Ich will nicht wieder mit einem Taxi durch die Kontrollen und gehe auf Empfehlung durch den Hof einer Kaserne oder Verwaltung der Wach-

leute zu einem Tor, wo nur Fußgänger durch dürfen und können. Bis ich durch bin, draußen bin,
werde ich dreimal kontrolliert, wird mir ständig
angeboten, Geld zu wechseln, werde gefragt, wo
ich hin will, werde angelacht von den Beamten,
habe aber ständig das Gefühl, einer Bedrohung
ausgesetzt zu sein. Der letzte Wachmann am Tor
lässt mich tatsächlich nicht gehen. Er will Geld
geschenkt haben und sorry, sonst könnte er mich
nicht gehen lassen, my friend. Zwei Meter hinter
ihm, draußen, stehen schon weitere Geldnehmer
ohne Gegenleistung und warten auf mich. Eben
noch fröhlich miteinander quatschend, bei meinem
Anblick schlagartig die Leidensmiene aufgesetzt.
Ich wechsle fünf Dollar, zu einem natürlich horrenden Kurs und gehe raus. Warum? Vielleicht,
weil ich mir beweisen will, auch hier alleine klar zu
kommen? Genau gegenüber, nur über die Straße,
ist ein kioskartiges Geschäft. Ich setze Scheuklappen auf, bringe meine Beine in Schwung und steuere drauf zu. Nehme noch wahr, dass gleich links
davon der Eingang zu einem Hindutempel ist. Das
ist es doch, ein klein wenig shoppen, den Tempel
anschauen und dann zurück aufs Schiff. Als ich
dort losging, war ausgemacht, dass ich um 18.00
Uhr zurück bin. Einfach aus Sicherheitsgründen,
falls wir doch früher auslaufen. Niemanden anschauen soll helfen. Wie in fast allen Ländern einfach das tun, was man möchte. Da drüben einkaufen und dann einmal durch den Tempel bummeln.
Nur ich. Es ist nicht möglich. Ich müsste um mich
schlagen, brüllen oder ich weiß nicht was tun.

184

Freundlichkeit nützt auch nichts, im Gegenteil. Ein NO ist kein NO. Ich kann gar nicht so schnell schauen, wie ich friends habe. Einer setzt sich durch gegen die anderen. Bin also wieder nicht allein. Geht hier wohl eben nicht. Während ich, absurd, Kaugummi und Schokolade aussuche und bestelle, keine Großeinkäufe, bedienen mich drei Leute, zwanzig aus dem Inneren des Ladens glotzen mich an und hinter mir beginnt ein kleines Mädchen an mir zu zupfen. Als ich sie beim dritten Mal immer noch nicht wirklich wahrnehme, zieht sie am Hemd, auf meinen irritiert bösen Blick kommt nur die aufgehaltene Hand, die großen, dunklen, bittenden Kulleraugen und der schief gehaltene Kopf, die professionelle Bettlerhaltung. Sie ist vier oder fünf Jahre alt! Ich muss ihr was geben, sagt mein friend.

Wir trotten zum Tempel. Komme mir vor wie im Comic: Ein Mann geht und hinter ihm ein Schwarm Fliegen! Nur, dass das hier Menschen sind. Am Eingang des Tempels lassen sie uns allein. Schuhe aus und hinein. Der Eingang ist leider auf der ganz anderen Seite. Barfuß, Kiesel, heißer Boden. Betontempel. Kahl, kalt. Gleiche Figuren wie beim vorigen Tempel, doch ohne jegliche Farbe. Nackter Beton. Hinein. Fast vollständige Dunkelheit. Nur durch kleine Nischen dringt Licht herein. Und an den jeweiligen Betstellen brennen ein paar Kerzen. Der totale Gegensatz zum grellen Sonnenlicht und der Hektik draußen. Ca. 30 m lang und 20 m breit ist der Tempel, etwa fünf Menschen sind drin. Als erstes sehe ich einen Mann, Mitte dreißig,

Europäer? Ein Aussteiger? Sehr langer Bart, lange Haare, aufgequollen, sowohl Augen wie Bauch, auf dem liegt er gerade, hat das linke Ohr am Boden und schaut mir direkt in die Augen als ich den Raum betrete. Irgendwas verklärtes liegt im Blick und gleichzeitig etwas abweisendes, abstoßendes, ja fast Böses. Diese Augen werde ich beim Rundgang nicht los und auch jetzt noch, beim Schreiben sind sie da. So dunkel und so abweisend sind nicht nur die Augen, der ganze Tempel strahlt Kälte aus und Aggression. Ich bin froh, wieder ausgespuckt zu werden. Nach einer Außenrunde zurück zu den Schuhen. Der Aufpasser bekommt selbstverständlich Geld. Jetzt äußere ich den Wunsch, Wasser zu trinken. Mein friend rennt los. Ach vorher noch: ich habe am Tempel, außen, gefilmt und möchte auf der Straße filmen, nur kurz, aber mein friend meint, ich solle die lieber einstecken, wegen der Wachposten am Tor, die könnten mir die Kamera konfiszieren. Ich tue wie mir geheißen. Der Wasserauftrag läuft. In einer Apotheke werden wir fündig. An einer vollbesetzten katholischen Kirche vorbei zurück zum Tor. Wimmeln, Flirren, Lärm, Staub drum herum. Hupende Autos, Dreiräder, Busse. Am Tor wieder der Wachmann, ein junger Typ. Ich zeige meinen Pass und will weitergehen. Doch er sagt: NO. Vorher müsse ich noch weitere zehn Dollar wechseln, zu einem horrenderen Kurs als vorher, sonst könne ich leider nicht weiter. Ich sage: NO. Mein Schiff fährt gleich und er solle jetzt Platz machen. Er sagt, mit einem Lächeln, bei dem es in den Augen gefährlich blitzt: "My friend, you have to change!" Ich kann den Blick nicht lange halten. Zwei weitere bewaffnete Wachmänner stehen um mich herum. Also getauscht und weg, nichts wie weg. Ich will hier raus. Nur zweimal noch muss ich den Pass vorzeigen und bin am Duty-free Shop, wo ich eigentlich gar nicht mehr rein will, doch wenn ich schon mal davor stehe. Mein friend, der Begleiter, begleitet mich. Ich gebe ihm Geld. Es reicht scheinbar nicht. Er hat noch mehr Kinder, also ich möchte ihm bitte mehr Geld geben, ich hätte doch noch den 10 Singapurdollar Schein. Ja, so ist das Leben in Asien. Richtig Klasse. Also so erlebe ich es. Gebe ich ihm den 10 Dollar Schein, kommt bestimmt der kranke Onkel dran. Ich teste es aus. Gebe ihm die 10 Dollar. Er will tatsächlich gerade ansetzen, nicht Danke oder sowas, sondern, da sind noch mehr die… Ich bleibe stehen und sage ihm ein sehr deutliches NO, es ist genug und außerdem würde ich jetzt gerne alleine weitergehen und allein durch den Shop. Ich bedanke mich bei ihm und er sich tatsächlich auch bei mir. Bei manchen wirkt mein NO.

Im Shop untersuchen zwei Russen oder Polen die Schnapsflaschen. Fünf Sri Lanker, drei hinterm Schreibtisch, einer Ware reintragend, einer hinterm Verkaufstresen. Der Laden ist höchstens 15 qm groß. Das übliche Angebot. Zigaretten, Schnaps, Radios und Parfum. Wer hat das eigentlich mal erfunden, dieses Angebot? Ich nehme eine Stange Zigaretten für den Soldaten am Schiff, die kostet drei Dollar, die Stange, wirklich billig. Und eine für fünf Dollar für mich. Als Geschenk, oder selber rauchen oder was auch immer. Dann werde ich vom Angestellten hinter dem Tresen gefragt, ob er noch drei Flaschen Whisky mit auf die Rechnung schreiben darf? Ich verstehe erst nicht recht, was er meint, doch er meint das so: drei Flaschen Whisky, die auf meiner Rechnung stehen, die jedoch er mit nachhause nimmt. Wieder ein Geschäft gemacht. Und niemand kann es ihm nachweisen, ich bin ja weg. Auch hier gebe ich mein ok. Was soll's. Ist doch eh egal. Hauptsache niemand schaut in meine Tüte und auf die Rechnung. Ich komme aus dem Laden und da steht my friend und will von mir den Schiffsnamen und meinen Namen haben und wissen, wann ich wiederkomme, dann käme er gleich zum Schiff und würde mich dann durch die ganze Stadt führen. Ich schreibe "Freelandia" und Holger auf und sage drei Monate. Am ausgemachten Treffpunkt ist mein erster Soldat nicht zu sehen. Denkste! Er ist auf einem anderen Schiff, wahrscheinlich macht er auch da gerade irgendwelche Geschäfte. Er sieht mich, kommt grinsend die Treppe runter, hoffentlich stolpert er nicht und ein Schuss löst sich aus seinem Gewehr. Ich gebe ihm die Zigaretten, er versucht das heimlich zu halten, doch mir ist das egal. Er holt eine Plastiktüte aus seiner Hosentasche und lässt die Zigaretten verschwinden. Dann will er noch wissen, wieviel die Zigaretten gekostet haben, wohl, um damit wieder ein Geschäft zu machen. Ich sage es ihm, lass ihn stehen und bin auf dem Schiff. Tatsächlich laufen wir wirklich erst spät aus, nicht vor Mitternacht, doch es ist mir egal. Der Eindrücke sind genug. Ich bleibe an Bord. Erlebe einen wundervollen Sonnenuntergang über Colombo und verschwinde dann auf meine Kammer und lese.

Indischer Ozean

27.03.-02.04.1998

Vier Uhr wache ich auf. Die Hauptmaschine läuft.
Ich gehe nach oben auf die Brücke. Wir laufen
gleich aus. Fünf Uhr ist der Lotse weg. Unsere See-
reise beginnt. Mein letztes Auslaufen. Es läuft alles
gut ab. Beim Einlaufen, beim Warten auf den Lotsen hätten wir ja fast einen Unfall gehabt. Mit einem riesigen "Evergreen" Containerfrachter. Er
und wir warteten auf unseren Lotsen, fuhren mit
Minimalgeschwindigkeit. Wir wollten ausweichen
und Herr Kossak gab Anweisung zu hart Steuerbord. Nichts wäre passiert, wenn der andere einfach weiter gefahren wäre oder auch Steuerbord
eingeschlagen hätte, doch kurz nach uns legte er
sein Ruder auf hart Backbord. Wir fuhren direkt
aufeinander zu. Drei erfahrene Leute auf unserer
Brücke sahen das sofort und legten sofort das Ruder um auf hart Backbord, jetzt natürlich drauf
hoffend, dass der andere nichts mehr tun würde. Er
tat auch nichts mehr, wir fuhren aneinander vorbei.
Einen Schreck habe ich deshalb bekommen, weil
bei der Geschwindigkeit, die wir und er hatten, das
Ruder ausfallen kann, und dann treibt man hilflos
herum. Soweit wird es niemand kommen lassen,
hoffe ich, aber wer weiß und weil es für Momente
lauter wurde auf der Brücke. Es gibt einen Ton,
Anweisungen zu geben, der entspannt ist und dann
den, wo die Stimme etwas nach oben rutscht und

lauter wird. Es sind nur Nuancen, doch deutlich spürbar.

Aber jetzt laufen wir aus und alles ist ruhig. Auch das Meer. Wie durch eine träge Masse fahren wir. Deutlich zu sehen, jetzt wo es hell wird. Und dann färbt es sich orange, die Masse. Es könnte alles noch schöner sein, wenn der neue Chief, Herr Arnold, nicht neben mir stehen würde und eine Geschichte nach der anderen, ungefragt, erzählen würde. Das und die Tatsache, dass jeder einzelne fliegende Fisch deutlich sichtbar aufs Wasser klatscht, treibt mich auf die Back. Mit kurzer Frühstücksunterbrechung bleibe ich dort bis 10.00 Uhr, dann ist es der Sonne wegen nicht mehr auszuhalten. Und was sehe ich außer fliegenden Fischen noch? Einen Wal! Ganz kurz nur, aber doch. Leider atmet er nur einmal ein und ist dann wieder in der Tiefe des Ozeans verschwunden. Das hätte ich nicht gedacht, hier Wale zu treffen, doch es ist so, südlich von Indien. Und am Mittag weiß ich auch endlich, was Frank immer meinte mit der Delfinschule. Das, was da an Steuerbord auftaucht, ist nicht nur ein Rudel oder Herde, das sind mindestens zweihundert Tiere. Das Wasser ist aufgepeitscht und ständig springt und plantscht es. Einige sondern sich ab zu unserem Schiff und kurze Zeit später ist alles vorbei. Höchstens eine Minute. Länger dauert so eine Vorbeifahrt nicht. Von dem Moment an, wo man sie sieht, bis sie weg sind. Und dann sind sie ja oft noch mindestens eine halbe Meile entfernt. Also, wenn man am Bug des Schiffes etwas ins Wasser wirft, ist es 17 Sekunden später am Heck, bei 35km/h oder 19 Knoten. Und der Bug des Schiffes ist von der Nock, den Außenstellen der Brücke, von wo man gut schauen kann, 150 m weg. Also dies alles einmal als Entschuldigung für die nicht immer brillanten, wackelfreien Bilder. Wo kann ich überhaupt mal wackelfrei filmen? Wenn das Schiff im Hafen liegt, geht es wackelfrei. Doch da bin ich meistens weg, da reise ich weiter durch die Stadt. Wenn wir vor Anker liegen, das ist der ruhigste Moment, das Schiff und ich legen keine Entfernungen zurück, wir sind gemeinsam an einem Ort. Seit ich jetzt den Wal gesehen habe heute Morgen, bin ich nur noch auf der Brücke oder an Deck. Wäre gerne mehr an Deck, aber die Sonne brennt gnadenlos. Das Wasser ist über 30 °C warm, die Luft im Schatten, Schatten? ebenso. Also bin ich eher auf der Brücke, dort sind angenehme Temperaturen und ein guter Überblick. Das wird auch in den nächsten Tagen so sein. Jetzt schreibe ich dies, jetzt, 02.04. 11.30 Uhr, sitze auf einem der beiden Stühle vor dem Radar, Füße hoch. Seit Auslaufen Colombo hab ich das viel getan, hier sitzen. Am Eingang zum Golf von Aden liegt die Insel Socotra. Dort waren doch tatsächlich wieder einige Wale zu sehen, jedenfalls mit dem guten Fernglas auf der Brücke. Die Meerenge Bab al Mandeb, zwischen Saudi Arabien und Dschibuti, soll laut Besatzung sehr schön sein, leider fuhren wir im Dunkeln da lang. Ein paar Lichter, sonst nichts zu sehen. Und dabei ist mir passiert, was man von zuhause vom Sofa kennt, ich bin eingeschlafen, auf dem Kapitänsstuhl auf der Brücke. Pedro hat mir versichert, ich hätte nicht geschnarcht. Bis gestern hatten wir total ruhige See, seit wir im Roten Meer sind, ist es unruhig, heute sogar richtig rau. Ruhige See heißt schreiben können, nicht durcheinander geschüttelt werden. Eigentlich auch gut schlafen können, doch das ist seit Djakarta vorbei, irgendwie. Ich bin oft unruhig. Seit einigen Tagen habe ich auch Zahnschmerzen. Möglicherweise eine Entzündung. Oder kommt der Schmerz vom Ohr? Heiß, kalt, feucht, zugig. Der ständige Wechsel könnte der Grund sein. Wenn es einen Arzt gäbe hier, würde ich zu ihm gehen und fragen. So heißt es aushalten, durchhalten. Mir geht die Eintönigkeit auf den Keks. Und das Essen. Seit Wochen nur Käsebrot und Müsli und mittags ein bisschen Gemüse und Kartoffeln. Die Speisekammer leert sich zusehends, das bedeutet z. B., dass es ab heute Abend keine Milch mehr geben wird. Das Müslifrühstück, mein kulinarisches Highlight, fällt ab morgen aus. Noch sechs Tage an Bord, dann wird sich die Küche verbessern, weil ich endlich wieder eine Wahl habe. Das ist das große Problem der letzten Tage: keine Möglichkeit der Wahl! 150m nach vorne, 18 nach hinten, 20 in die Breite und sieben Stockwerke hoch oder runter und wenn jetzt auch noch das Essen völlig ausfällt… Ja, mir geht diese Reise langsam gehörig auf den Keks. Sehnsucht nach anderen Gesprächen, über Dinge reden, die mit meinem Job zu tun haben, nicht immer nur mit Containern, Wachdiensten, Ankunfts- oder Abfahrtszeiten. Aber vielleicht ist auch das ein Ziel der Reise, aushalten und feststellen wie es als Seemann so ist mit der Einsamkeit. Am Anfang konnte ich danach fragen und es registrieren, jetzt mache ich diese Erfahrung selbst. Ich bin nur drei Monate hier, die Offiziere bis zu sechs, die Filipinos bis zu zehn und die Mannschaft bis zu siebzehn Monate. Wenn die Stimmung gut ist unter den Seeleuten, kann es ja Spaß machen. Wie am Theater. Man ist für ein paar Wochen oder Monate auf engstem Raum zusammengeschlossen. Wenn da nur einer aus der Stimmungsreihe tanzt, Prost Mahlzeit! Und der Fisch stinkt wie überall vom Kopf, wie es so heißt. Insofern habe ich hier auf der Fresena Glück gehabt.

Was ist der Reiz? Ist es nicht ein Job, wie jeder andere? Nur dass er an ständig wechselnden Orten stattfindet? Er kann gefährlich sein, auf See und an Land. Nein, ich freue mich darauf, wie alle Seeleute auch, wieder an Land zu sein, doch ich werde dort so lange bleiben, wie ich möchte, sie müssen wieder los, wenn der Anruf von der Reederei kommt. Doch bevor ich an Land gehe, was nur noch 6 Tage dauern wird, zu den letzten Tagen.

Am Samstagabend, wir stellten wieder einmal die Uhren zurück, also hatten einen fünfundzwanzig Stunden Tag, war ich oben auf der Brücke bei Kapitän Kossak, der in dieser einen zusätzlichen Stunde Wache geht, und hörte mit ihm die Fußballbundesligakonferenz auf der Deutschen Welle. Es macht mir zum ersten Mal auf dieser Reise Spaß, die Stimmen von Hans Reinhard Scheu aus München oder Sabine Töpperwien aus Schalke zu hören. Seine Wache war beendet, er wurde abgelöst von Pedro und wir standen um das Radio herum, da lud er mich plötzlich ein in seine Kammer, mit ihm den Rest zu hören und dabei eine Flasche Wein zu trinken. Ich nahm gerne an. Er ein perfekter Gastgeber und ich, ich fühlte mich wie auf Besuch in einer fremden Wohnung. Als wäre ich Samstagabend eingeladen worden bei Bekannten. Äußerst angenehm. Man geht hier auf dem Schiff nur äußerst selten in die Kammer eines anderen, es ist wie in die Privatsphäre eindringen, obwohl so viel persönliches in der Kammer gar nicht sein kann. Doch hier an Bord, wo Arbeit und Privatleben so dicht beieinander liegen, achtet jeder auf seine Privatheit, seinen kleinen persönlichen Kosmos. Da saßen wir also, tranken französischen Rotwein im Indischen Ozean und hörten Fußballbundesliga. Als die Konferenzschaltung beendet war, wechselten die Themen. Es ist oft angenehm mit ihm zu reden, doch es gibt eine Sperre, vielleicht weil er der Kapitän ist, oder einige Jahre älter oder ich nicht das volle Vertrauen habe. Die Themen bleiben interessant, doch kratzen sie meist nur an der Oberfläche, drunter gehen sie nicht. Und doch schmeckt Rotwein in angenehmer Gesellschaft einfach lecker. Bei Frank und mir ist das etwas anderes. Wir hatten vorgestern einen ziemlich heftigen Streit über die DDR oder anders, seine Haltung dazu, oder noch anders, mein Unverständnis seiner Haltung gegenüber. Er hat, als die Berliner Mauer geöffnet wurde, mit seinen Eltern vor dem Fernseher gesessen und geheult, aber nicht vor Freude. Für ihn haben die Menschen, die draufkletterten, das Brandenburger Tor beschmutzt. Er hat, genau wie seine Eltern, sehr gerne in der DDR gelebt. Sie haben niemandem Ärger bereitet und wurden deshalb auch in Ruhe gelassen. Ich möchte nicht weiter darüber schreiben, weil vieles zu intim ist, weil ich glaube, dass Frank schon das obengenannte zu intim wäre, es öffentlich zu nennen. Doch vom Streit musste ich erzählen, denn er war heftig und unser Verhältnis ist getrübt. Ob es wieder klar werden wird, möchte ich bezweifeln. Das ist schade, aber wohl unvermeidlich. Wir werden sehen.

Die leichte Melancholie des Alkoholgenusses und die spiegelglatte See führen mich an diesem warmen Sommerabend hinauf ins Krähennest. Sternenhimmel sehen. Sterne sehen, die fast den Horizont berühren, die auf der ruhigen See Licht werfen, wie die Sonne bei Auf- oder Untergang. Wie ein satter, reifer Baum hängen sie dort oben. Ja, es gibt diese unvergesslichen Momente der unbeschreiblichen Schönheit.

03.04.1998

Am Morgen toben heftige Winde durch den Golf
von Suez, in den wir gegen 8.00 Uhr einbogen.
Inklusive unserer eigenen Geschwindigkeit erreicht
die Beaufort Anzeige eine satte 10. Kabbelige See.
Hätte ich im Roten Meer nicht vermutet. Habe
doch von Herrn Kossak gelernt, damit Wellen sich
aufbauen können, braucht es Windwirkstärke. Woher kommt die in diesem vergleichsweise kleinen
Meer? Und der Wind war kühl. Hier, rundherum
nur Wüste, habe ich andere Temperaturen erwartet
als die 20 °C und ruhigere See. Ebenso habe ich
nicht geahnt, dass hier so viele Bohrinseln stehen.
Ölfelder beiderseits des Golfes. Und entsprechende
Tanker. Was von der Küste zu sehen war, bestand
hauptsächlich aus Stein und Sand. Beige bis hell-
braun. Bis dreihundert Meter aufragende tote Wüste. Nirgends auch nur ein Hauch von grün. Gegen
17.00 Uhr erreichen wir Port Suez und da liegen
wir jetzt vor Anker, werden einklariert und warten
auf morgen früh. Suez Kanal. Der zweite Große.
Und das bei Tag. Habe am Abend solche Zahnschmerzen, dass ich Carsten bitte, mir Schmerztab-
letten aus seiner Apotheke zu geben. Als ich das
tue, ist es schon halb zwölf und eine Stunde wälzen
im Bett liegt hinter mir. Wie schön, dass die Tabletten helfen.

04.04.1998

Halb sechs klingelt das Telefon. Der Lotse ist da.
Wir lichten den Anker und reihen uns ein in den
Suez Konvoi. Wir sind die Nummer 7. Ganz vorne
ein riesiges Kreuzfahrtschiff, dahinter alles Containerfrachter wie wir, wie auch die nächsten hinter
uns. Was dann kommt, kann ich nicht sehen. Vorbei an einer Werft geht es hinein in den Kanal.
Mein Blick bleibt allerdings noch einige Zeit an den
Hügeln neben Suez haften. Die Morgensonne lässt
sie erstrahlen, goldgelbbraun. Was entwirft die Natur für Schauspiele, ohne dass ein Mensch auch nur
irgendwas dazu getan hätte? Der Mensch rühmt
sich ständig, die Krone der Schöpfung zu sein,
doch wenn ich auch schon vorher Zweifel daran
hatte, dass er es ist, so sind die Zweifel einer Gewissheit gewichen, wir sind nur ein Teil der Erde,
neben uns besteht jedes andere Wesen, Land, Wasser gleichberechtigt. Doch davon jemanden zu
überzeugen, wird sicher schwerfallen, vor allem die,
die schon innerhalb der Menschheit glauben, sie
hätten die Weisheit gepachtet. So wie ein paar der
Männer hier an Bord. Und dann kommen sie mit
diesem 'Witz' an. "Woran erkennt man Ägypten?
Zuerst am Geruch, dann kommen die Fliegen und
dann die Menschen." Man mag mich schelten, doch
ich habe selten ein so arrogantes Volk wie die
Deutschen erlebt. Wenn nicht mindestens alles so
gut organisiert ist wie in Deutschland, oder so sauber, oder die Art der Menschen so ist, dann ist es
einfach nur dreckig, alle sind Diebe und man

möchte dort nicht tot über dem Zaun hängen. Wie schützt man sich vor Menschen, für die alles nur Scheiße ist?

Die nächsten Stunden tuckern wir durch den Kanal, Höchstgeschwindigkeit 10 Meilen, normal 8. Mehr wäre die Versandung. Die Schrauben würden zu viel Wirbel verursachen. Von Süden nach Norden ist die gesamte Westseite bewachsen. Ein begrünter Gürtel erstreckt sich längs des Kanals. Palmen sowieso, aber auch Ackerbau und ein wenig Viehzucht wird betrieben. Teilweise geht direkt neben dem Kanal ein Süßwasserkanal entlang, der für die Bewässerung genutzt wird. An der Ostseite die Halbinsel Sinai. Es muss auch dort irgendwo Städte geben, denn auf der ganzen Strecke, 160 km, gibt es ca. 25 Fährstellen. Doch die Städte liegen wohl im Landesinneren, am Kanal selber ist nur Wüste. Verrottete und verrostete Wasserrohre und Sand soweit das Auge reicht. Auf der Westseite alle paar Kilometer oder vielleicht sogar jeden Kilometer ein Militärposten. Angst vor den Israelis? Im großen Bittersee liegt der entgegenkommende Konvoi vor Anker. Der muss warten, wir können durch. Wie schön. Einzig das Schiff vor uns macht Probleme, ab und zu kommt aus dem Auspuff, pardon Schornstein, eine rußige, schwarze Wolke. Wir müssen abbremsen, um nicht aufzufahren. Durch die geringe Geschwindigkeit ist die Chance gegeben, etwas zu sehen. Menschen, Höfe, Städte, Angler, ein Liebespärchen. Soviel wie möglich halte ich im Bild fest. Auch die Schmunzeleinlage der Durchfahrt schlechthin. Unser Lotse, ein stattlicher, jüngerer Mann in schicker Uniform, der mit kaltem Befehlston selbstherrlich die Brücke eroberte und dabei wie selbstverständlich die bereitgelegten zwei Stangen Marlboro in seine Aktentasche stopfte, sorgte dafür. Durch die langsame Fahrt geriet unser Schiff in sehr gleichmäßige, rhythmische Schwingungen, die sich auch auf uns alle übertrugen. Wir sechs Menschen bewegten uns gleichzeitig vor und zurück, ohne es bewusst zu wollen. Als wir das voneinander bemerkten, erschien ein Grinsen auf unseren Gesichtern. Nur der Lotse grinste nicht, er war anscheinend durch das wiegende Schaukeln auf dem Kapitänsstuhl eingeschlafen. Unser Grinsen wurde noch breiter. Eine kleine plötzliche Rhythmusverschiebung ließ ihn hochschrecken. Sofort bellte er einen kurzen Kursbefehl heraus. Herr Kossak wiederholte diesen, noch beherrscht, aber ein leicht unterdrücktes Lachen schien schon durch die Stimme. Der Rudergänger wiederholte ebenfalls, doch er konnte sich nicht mehr beherrschen und prustete kurz los. Der Lotse drehte sich zu ihm um und nahm dabei die grinsenden Blicke von uns anderen wahr. Er fragte, mit einem leicht gereizten Ton: "Everything okay with you?" wir nickten nur, konnten seinem Blick aber nicht standhalten, sonst hätten wir wahrscheinlich einen Lachkrampf bekommen. Herr Kossak antwortete für uns alle, trockenen Tons: "Yes Sir. Do you like to drink another cup of coffee?" "Yes," befahl der Lotse zurück. Danach schaute er keinen mehr von uns an. Diejenigen, die konnten, gingen schnurstracks auf die Nock zum Ablachen.

Ja, die Kanaldurchfahrt ist tatsächlich noch einmal ein beeindruckendes Erlebnis, doch deshalb so viel länger auf See? Nun bin ich nun mal hier und so ist es gut. Mit dem Hören der nächsten Fußballbundesligakonferenz verlassen wir den Suez Kanal und begeben uns ins nächste Meer. Das Mittelmeer wird vorerst mein Letztes sein.

05.04 – 08.04. 1998

Und dieses Meer ist gnädig zu uns. Zum Abschluss ruhige See. Habe mich selten so auf meinen Zahnarzt gefreut. Die Tabletten helfen nur wenig. Genieße die Stunden auf der Brücke. Die letzten 10.00 Uhr Morgenkaffees. Sind auch mit Pedro in Ordnung. Das letzte Stück Schwarzwälder Kirschtorte am Sonntagnachmittag, ja, eine Torte gab es noch. Die immer gleichen Abläufe hier sind beruhigend und doch langweilen sie mich inzwischen. Freue mich auf die Gespräche mit meinen Freunden und der Familie und darauf, weibliche Gesellschaft zu haben. So eine pure Männerwelt ist auf Dauer öde. Wieviel von dem erlebten werde ich so erzählen können, wie ich es erlebt habe? Bin froh, Tagebuch geführt zu haben, auch wenn ich seit Colombo eher nachlässig war. Möglicherweise ist einfach zu viel geschehen davor und gleichzeitig hat die Schiffsroutine gelähmt. Was auch immer. Das Abschiednehmen beginnt. Nochmal ein paar wunderbare optische Eindrücke mitnehmen, die nächtliche Durchfahrt der Straße von Messina und vor allem die weithin orangerot leuchtende Spitze des tätigen

Vulkans Stromboli. In Sichtweite von Genua kommt Herr Roggenbach auf mich zu und möchte wissen, warum ich denn nicht bis Antwerpen mitfahre. So hätte ich doch die komplette Erdumrundung nicht abgehakt. Antworte ihm, dass es mir nicht ums Abhaken geht, sondern ums erleben. Er schaut mich an, nickt und sagt: "Na dann." Wir geben uns zum zweiten und letzten Mal die Hand und sagen auf Wiedersehen. Ich bin mir nicht sicher, ob ich das freiwillig möchte. Mein Streit mit Frank hat sich leider nie wirklich gelegt. Wir hatten am Anfang schöne gemeinsame Zeiten, sind uns dann aber doch eher aus dem Weg gegangen. Wir verabschieden uns nicht im Bösen, aber unsere Ansichten sind wohl doch zu unterschiedlich. Die oft lachenden Gesichter unserer Tuvalus werde ich vermissen. Herr Kossak und ich tauschen Adressen aus. Allein schon, weil ich ihm den irgendwann fertig geschnittenen Film dieser Reise zukommen lassen will. Und er nimmt mir das Versprechen ab, das, sollte er mit der "Fresena" mal nach Hamburg kommen, ich ihn im Hafen besuche. Das gebe ich gerne. Darüber hinaus kann ich mir gut vorstellen, mit ihm noch mehrere Kaffees zu trinken, wann und wo auch immer.

In Genua habe ich ein paar Stunden bis der Flieger geht. Schaue mir das Schiff nochmal von außen an, gehe in die Stadt, unglaublich leckere italienische Nudeln essen und trinke einen grandiosen Cappuccino hinterher. Wahrscheinlich hätte heute alles besser geschmeckt als das Essen der letzten Tage.

Danksagung

Die damalige Reise wirkt immer noch nach. Jetzt, nach 18 Jahren, habe ich mich entschlossen, das Tagebuch zu veröffentlichen. Für eine Veranstaltung auf der Cap San Diego suchte meine Kollege Bruno F. Apitz Lesestoff. Ich erzählte ihm von dieser Reise und gab ihm mein handschriftliches Original. Nachdem er es gelesen hatte, sagte er zu mir: "Du wärst bekloppt, wenn du das nicht veröffentlichen würdest." Meine Schwägerin erbot sich, sich durch meine Klaue zu wühlen und es abzutippen, dafür gebührt ihr mein allerherzlichster Dank. Herr Kossak, zu dem ich immer noch sporadischen Kontakt habe, kam zu einer der beiden Lesungen, die ich auszugsweise hielt, und ermunterte mich mit leuchtenden Augen: "Harald, das musst du noch ganz oft lesen, damit auch die Leute in Garmisch-Partenkirchen und sonst wo im Binnenland wissen, wie es uns Seeleuten so geht." Ein herzliches Dankeschön an meine liebe Freundin Elke für ihr grammatikalisches Wissen und ihre Liebe zum Meer.
Ein besonderer Dank geht an meine liebe Frau für ihr geduldiges Zuhören und die Ermunterung.
Last but not least gilt mein Dank der Wahrsagerin in Singapur. Ich lernte meine Frau mit 45 kennen!